Ursula Schleiner-Tietze

Heilende Geschichten und Gedichte

agenda

Ursula Schleiner-Tietze

Heilende Geschichten und Gedichte

agenda Verlag
Münster
2018

Bibliografische Informationen der Deutschen Nationalbibliothek
Die Deutsche Nationalbibliothek verzeichnet diese Publikation in der Deutschen Nationalbibliografie; detaillierte bibliografische Daten sind im Internet über http://dnb.d-nb.de abrufbar.

2. erweiterte Auflage

Drubbel 4, D-48143 Münster
Tel.: +49(0)251-799610, Fax: +49(0)251-799519
www.agenda.de, info@agenda.de

Umschlagabbildung: Monika Knoop-Tausch

Autorinnenportrait: Sybille Ostermann

Druck & Bindung: MCP. Marki, Polen

ISBN 978-3-89688-600-2

Inhalt

Einleitung

Heilende Geschichten und heilende Gedichte…
Was verspricht dieses Buch dem Leser?

Geschichten erzählen von frei erfundenen Wirklichkeiten und doch sind sie unabhängig von Ort und Zeit dem Leben des Lesers so nah, dass jeder sich in ihnen wiederfinden und spiegeln kann.

Seit Ur-zeiten werden Geschichten gelesen und erzählt. Sie übermitteln Botschaften, Weisheiten und Lebenserfahrungen von Mensch zu Mensch, von Generation zu Generation. Geschichten schaffen Verbindungen, regen zum Nachdenken an, verhelfen zu Ruhe und Entspannung, zu Selbsterkenntnis. Sie wecken Hoffnung und ermutigen, neue Wege zu suchen und zu gehen. Gedichte vermitteln solche Inhalte in besonderer Form, sind oft etwas verdeckter und lassen der Interpretation des Lesers mehr Spielraum.

Die heilenden Geschichten und heilenden Gedichte in diesem Buch sind therapeutischer Natur. Es sind Geschichten, die das Leben schrieb. Sie beleuchten innere Zustände und Situationen von Menschen, die nach Lösungen und neuen Wegen fragen und suchen. Menschen auf dem Weg zu sich selbst, zum Glück, zum Erwachsenwerden.

Der Leser sei herzlich eingeladen, diese heilenden und heilsamen Wege mitzugehen und für sich nutzbar zu machen!

Recklinghausen im Februar 2018 — Ursula Schleiner-Tietze

Der Seelen-Atheist

Seele!
Für mich nicht!
Glaube!
Für mich nicht!

Sichtbares, Fassbares, Messbares
ist meins!

Unsichtbares – Gedanken und Gefühle –
ist nichts für mich!

Was ich nicht sehe, ist nicht da
für mich!

Körper – JA!
Seele – NEIN!
Fragezeichen - unbequem und anstrengend.

Psyche,
„ein Buch mit 7 Siegeln",
Phantasien, Theorien,
keine Realität!

Seele!
Gibt es für mich nicht!

(2017)

Die Seele

Die Seele, gibt es sie?
Die Seele, wo soll sie sein?
Die Seele, daran muss man glauben!

Die Seele

Die Seele ist reine Bewegung, feinstoffliche Energie.
Die Seele umgibt uns wie eine Hülle, ein unsichtbarer Mantel.
Die Seele ist nicht sichtbar, nicht messbar, nicht fassbar.
Die Seele ist spürbar, unsere feinste Antenne nach innen und außen.

Die Seele

Die Seele zeigt sich nicht unseren Augen, sie ist vielmehr fühlbar und hörbar.
Du fühlst sie in Wut, Trauer, Angst, Freude, Leid, Liebe und Hoffnung.
Du hörst sie mal lauter, mal leiser durch deine innere Stimme.

Die Seele

Die Seele ist untrennbar mit deinem Körper verbunden,
vom Zeitpunkt der Zeugung bis zum Tod.
Sie begleitet dich ein ganzes Leben,
in guten wie in schlechten Zeiten.
Die Seele ist untrügbar, unbestechlich und lässt sich nicht bewusst steuern oder lenken.

Die Seele

Die Seele ist nie allein, sie ist verbunden mit anderen Seelen.
Seelen derer, die eng zu dir und deinem Leben gehören.

Die Seele

Die Seele macht mit dir eine lebenslange Entwicklung,
am Ende des Lebens verlässt sie deinen Körper,
der vergänglich ist.

Die Seele

Die Seele bleibt.
Sie ist unvergänglich und lebt weiter
in einem uns Menschen nicht erschließbaren Raum.

Die Seele

Die Seele, es gibt sie!

(2004)

Körper und Seele im Gespräch

„Gibt es außer mir noch etwas anderes?“, fragt der Körper. „Ich spüre mich täglich in ganz unterschiedlichen Facetten: Wohlbehagen, Entspannung, Aktivität, Druck, Schmerz, Schwäche, Erschöpfung, Tatkraft, Bewegungseinschränkung, Beweglichkeit, Wärme und Kälte. Ich weiß oft nicht, warum ich gerade das und nicht etwas anderes spüre und erlebe. Ich drücke es einfach aus, wie automatisch und lebe es einfach!“ -
„Das ist doch mal wieder klar, dass du solch eine Frage in den Raum stellst!“, antwortet leise und zaghaft - so als befürchte sie eine unangenehme Reaktion - die Seele. „Nach mir fragt und schaut der Mensch nicht! Ich finde wenig bis gar keine Beachtung, sogar Ärzte übersehen mich meistens, sie konzentrieren sich auf dich und deine vielfältigen Gesichter!“ - „Ja, wo man nichts sieht, ist eben nichts zu sehen und damit auch nichts zu holen!“, erwidert leicht überheblich der Körper. „Der Mensch braucht MICH, um zu leben, zu wachsen und für seinen lebenslangen Weg auf dieser Erde. Ich diene ihm treu und brav bis zum Tod und verhelfe ihm sogar dann aus dem Leben heraus! Ich bin fassbar, messbar, sichtbar sogar auf Bildern. Die Technik der Menschen lässt sie alles über mich erfahren. Das ist phänomenal. Darauf bin ich stolz und fühle mich wichtig!“ - „Du bläst dich ganz schön auf, finde ich!“, wirft die Seele erneut zaghaft ein. „Was ist mit deiner offenen Frage, auf die du keine Antwort findest? Was ist, wenn du mal wieder Zeichen sendest, dass etwas nicht in Ordnung ist und sich die Ärzte fragen, was mit dir los ist? Wenn du Medikamente nehmen und Untersuchungen über dich ergehen lassen musst, ohne wirklichen Erfolg. Die Fragezeichen um deine Signale bestehen weiterhin, viele werden nie wirklich beantwortet. Der Mensch und auch du Körper bleiben im Ungewissen, in Unruhe und Unsicherheit. Die Frage bleibt: „Woher rühren die Störungen, obwohl deine Körpermaschine so phantastisch ist und so gut durchleuchtet werden kann!“ - „Na, ja! Da ist was dran, was du da sagst!“, antwortet der Körper nachdenklich. „Du hast recht, ich fühle mich dann nicht verstanden, verspanne mich zunehmend, bin unsicher und irritiert, verbiege mich in unterschiedliche Richtungen

und weiß letztendlich nicht weiter! Mir bleibt dann nur das Aushalten und eine leise Hoffnung, dass meine Störungen von allein verschwinden." - „Da wäre es öfter mal sinnvoll, nach mir zu schauen!" Die Stimme der Seele wird lauter und eindringlicher. „Ich bin nicht sichtbar, nicht zu messen und nicht auf ein Bild zu bannen. Ich bestehe aus unzähligen Gedanken und Gefühlen. Diese Schwingungen sind immer da, Tag und Nacht, ein Leben lang, ohne Pause. Selbst im Schlafmodus des Menschen bin ich aktiv. Ich fülle die Traumwelt des Menschen, verschaffe dir Körper dadurch Entlastung und helfe, zu verarbeiten. Das ist oft sehr tiefe und stille Arbeit, der Mensch bemerkt vieles davon nicht. Er erinnert nur einen Teil, manche Menschen gar nichts von all dem. Um mich auszudrücken brauche ich oft dich, den Körper. Manche Menschen spüren mich schnell und deutlich, sie haben eine gute Verbindung zu mir und ihrer inneren Stimme. Sie können meinen leisen Hinweisen Ausdruck geben in ihrer Körperhaltung, ihrer Stimme und ihrem Verhalten. Viele Menschen jedoch - vielleicht sogar der größte Teil - brauchen andere Wahrnehmungskanäle. Und da kommst du ins Spiel. Ohne dich und deine Ausdrucksmöglichkeiten, die sichtbar und messbar sind, geht es oft nicht."- „Ich wusste gar nicht, dass du mich so wichtig findest!", antwortet der Körper, nachdenklich geworden und deutlich weniger überheblich. „Und du meinst, dass ich dann etwas von dir und deiner Botschaft auszudrücken vermag? Ich dachte immer, ich wäre allein. Jetzt sehe ich: wir sind immer zu zweit! Immer dann, wenn Fragezeichen auftauchen, bist du im Hintergrund meiner messbaren Ausdrucksmöglichkeiten. Du brauchst mich als „Sprachkanal"! Verstehe ich es richtig: der Mensch braucht uns beide, niemand existiert ganz allein für sich?!" - „Ja, genauso ist es!", nickt zustimmend die Seele und blickt fast liebevoll auf den Körper. „Ohne dich wäre ich oft verloren! Gut, dass es dich gibt mit deinen so unzähligen Möglichkeiten des Ausdrucks! Du bist und bleibst mir wichtigster und treuester Begleiter ein Leben lang! Erst am Ende des Lebens trennen wir uns, ich verlasse dich dann und lasse dich als vergänglichen Teil des Menschen zurück." Unter dem liebevollen Blick der Seele spürt der Körper eine neue Bewegung, eine sanfte innere Berührung, ganz leicht und doch fest. „Ab heute achte ich mich und dich gleichermaßen und danke dir für deine so aufschlussreichen und aufrichtigen Worte“, antwortet der Körper zustimmend und wohlwollend.

(2016)

Körper und Seele

Zwei Gesichter des Menschen.

Zwei Seiten
der Medaille des Lebens.

Eng miteinander verwoben
und doch getrennt und einzeln.

Spürbar und doch nicht sichtbar.
Stetiger Dialog und Resonanz.

Verschiedene Sprachen.
Wechselwirkungen.

Eigentlich selbst - verständlich.

Warum dann so viele Missverständnisse
und
Fragezeichen?

(2016)

Das Orchester der Teile

Das ICH
einzigartig und individuell
und doch nicht einzeln

ein Orchester verschiedener Teile
dem ICH oft nicht erkennbar
verborgen im Unbewussten

verschiedene Stimmen und Instrumente
laute und leise
Vorder - und Hintergrund
Solisten und Begleitung

und doch spielen sie unter einem Dirigenten zusammen
in jedem Moment des Lebens
die Lebensmelodie des ICH

stagnierend und veränderlich
Harmonie und Dissonanzen
Stimmen, die sich in den Vordergrund spielen
Stimmen, die sich schwächelnd zurückziehen
ihren Ängsten und der Vermeidung dienend

Stimmen, die fehlen und neu entdeckt werden wollen
Stimmen, die sich überlebt haben und Nachrückern Platz machen

Die Kunst und Geduld des Dirigenten,
alle zu hören und wahrzunehmen,
sie gut zu platzieren und zu integrieren,
damit die Lebensmelodie des Ich gelingt und klingt!

(2014)

Ablösung - Neuwerdung

Verbindung
Verstrickung

Grenzüberschreitung
Vermischung

grenzenloses Leid in Seele und Körper
Verletzung im Innen und Außen
des eigenen Selbst

Bewusstwerdung
Erkennen der Grenzen
Durchleuchten alter Verbindungen und Verbindlichkeiten

Schmerz der Erkenntnis und Neuorientierung
Erkennen des SELBST
und des ANDEREN

Ankommen
bei Dir

Umarme Dich selbst

(2013)

Der kleine Löwe und die Höhle

Es gab einmal einen kleinen weißen Löwen, der in einer tiefen, schwarzen Höhle in seinem Gefängnis saß. Er grub den ganzen Tag und wühlte, um einen Weg heraus zu finden.

Dies ging eine ganze Zeit so, bis er ganz erschöpft war vom vielen Suchen nach einem Weg aus der Höhle heraus. Während er die vielen Irrgänge der Höhle bewanderte, war er eines Tages so müde und desillusioniert, dass er sich einfach hinlegte und *nur* noch sterben wollte.

Gerade, als ihn die Kraft vollends verlassen wollte, nahm er mit einem geöffneten Auge einen winzig kleinen Lichtstrahl wahr. Er hielt es zunächst für eine optische Täuschung.

Als er aber auch das andere Auge öffnete, sah er, dass es sich tatsächlich um einen kleinen Lichtstrahl handelte, der irgendwo aus der Höhlenwand lugte. Er rappelte sich auf und fing wieder an, zu graben und zu graben. Der Lichtstrahl wurde größer, ihm war plötzlich klar, dass er den Weg nach draußen gefunden hatte. Mit wieder gewonnener Kraft grub er weiter und weiter, bis er schon eine Pfote und die Nase an die frische Luft strecken konnte.

Bald konnte er den ganzen Kopf heraushalten und dann,... ja dann ... hätte er heraus ins Licht treten können. Aber - er stockte - er hatte plötzlich Angst, die ihm vertraute, schlimme Höhle zu verlassen, die ihn so lange begleitet hatte.

Langsam wagte er einen Schritt heraus ... schlüpfte aber schnell wieder rein. So ging es eine ganze Zeit hin und her, bis der kleine Löwe längere Spaziergänge unternahm. Er kehrte aber immer wieder zu seiner Höhle zurück. Im Laufe der Zeit entfernte er sich immer öfter und länger von der Höhle, bis er die Angst verlor und die Höhle nur noch ein Schatten seiner Vergangenheit war, was einen großen Teil seines Lebens zu ihm gehörte. Der Löwe spazierte durch die Schönheit der Welt und erfreute sich an allen schönen Dingen.

Und es geschah etwas mit ihm: Er wuchs, wurde größer und größer und wurde ein stattlicher, starker, erwachsener Löwe. Denn die Höhle und die Dunkelheit hatten sein natürliches Wachstum stagnieren lassen. Jetzt - im Licht - konnte er endlich zu der stolzen und starken Gestalt werden, die seine eigentliche Bestimmung war.

(Sarah)

Die Persönlichkeitsanteile

Auf einem großen Fest treffen sich verschiedene Anteile einer Persönlichkeit. Im Verlauf der Veranstaltung entdecken sie, dass sie zu ein- und demselben Menschen gehören. Zunächst hocherfreut, dass sie nicht allein sind, fühlen sie sich sehr vertraut, fast wie „zu Hause“ miteinander. Im Verlauf des Abends entwickelt sich jedoch eine zum Teil heftige, kontroverse Diskussion.
„Ich bin sehr froh, dass ich da bin und mich hier an einem guten Platz fühle!“, sagt die Lebensfreude mit klingender klarer Stimme. „Ich lasse mir meine gute Laune von nichts und niemand trüben!“ - „Da schließe ich mich dir an!“, meldet sich mit sanfter Stimme das Harmoniestreben. „Ich vermittle immer gern, glätte die Wogen und stecke auch gern mal zurück! Ich bin für den Menschen, zu dem ich gehöre unersetzlich und werde oft gebraucht. Das macht mich wichtig! Manchmal wird mir die Arbeit zu viel, aber darüber schweige ich still! Ich bin auf jeden Fall bei euch in guter Gesellschaft!“ - „Ich schließe mich auch gern an!“, sagt die Bescheidenheit und tritt aus einem Schattenwinkel des Raumes ins Licht. „Manchmal ist es wichtiger zu verschwinden als im Mittelpunkt des Geschehens mitbestimmend zu wirken!“ - „Ja, ja! Du schaust immer zuerst auf die anderen, das ist ja klar!“ Die Stimme gehört einer etwas zerzausten Gestalt, die jetzt zur Gruppe tritt. „Darf ich mich vorstellen, auch wenn ich eure edle Runde störe! Ich bin die Ent-täuschung und bin in der Lage, dem Menschen Täuschungen zu enttarnen. Ich bin wenig geliebt, unangenehm, manchmal wie ein Stachel, der tief sitzt und sich nicht lösen will. Ich werde oft zur Seite geschoben und dann von dem Menschen nicht mehr beachtet!“ Eine neue Stimme meldet sich aus dem Hintergrund, den Kopf leicht gesenkt. Auch sie stellt sich zur Gruppe mit deutlichem Abstand zur Ent-täuschung. „Nicht so laut bitte! Ich bin die Angst und höre euch schon eine Weile reden. Mir wird immer unwohler je länger du sprichst!“, wendet sie sich zaghaft an die abseits stehende Ent-täuschung, die jetzt einen Schritt zurück weicht. „So ist das immer, ich kenne das nicht anders! Ich erzeuge Druck bei allen anderen, verderbe die Stimmung, störe die Harmonie und bin damit dir Lebensfreude

gefährlich!" - „Genau, du hast es erfasst! Es ist besser, du gehst und lässt dich nicht mehr blicken!", tönen die anderen vier wie aus einem Mund. „Es ist auf jeden Fall besser für alle, wenn du dich im Hintergrund hältst und schweigst!", maßregelt leicht mitleidig die Lebensfreude. Die Ent-täuschung senkt ihren Kopf: „Ihr seid einfach in der Übermacht, dagegen habe ich wenig Chance! Dann bleibt es wohl so, ich bleibe allein ohne Unterstützung", antwortet sie mit Tränen in den Augen. - „Na,na, nun mal langsam! So ganz ohne Grund bist du nicht da! Und wenn nichts mehr geht, bin ich ja auch noch da! Ich kann einiges klären und bin auch nicht allein gekommen. Ich habe noch Begleiter mitgebracht!", meldet sich eine neue Stimme, klar und bestimmt. „Wer bist du denn und wer ist bei dir?", horcht die Ent-täuschung auf und ihr Tränenfluss versiegt. „Ich bin der Mut... und... ich darf euch hier neben mir vorstellen: die Klarheit und die Selbstliebe." Die weiß gekleidete Klarheit schaut bei den Worten des Mutes auf die Lebensfreude, die ihrerseits im bunten Gewand Blickkontakt zu den neuen Gästen aufnimmt. Die Selbstliebe - ganz in zartes Rosa gekleidet - schaut liebevoll auf die Ent-täuschung. „Ich werde dir helfen!", sind ihre aufmunternden Worte. „Vielleicht können wir gemeinsam eine Lösung für uns alle erzielen, gehören wir doch alle diesem einen Menschen. Alle sind wichtig und brauchen ihren gemäßen Platz. Jeder von uns hat seine besondere Aufgabe und Bestimmung!" - „Dann brauche ich den Mut an meiner Seite!", ruft die Angst und strahlt den Mut verliebt an. Dieser ist geschmeichelt und geht auf die Angst zu, die sich bei ihm anlehnt. „Ich brauche dich, Klarheit!", ruft das Harmoniestreben. „Ich brauche dich, um klar zu sehen, wenn es unübersichtlich und kompliziert wird." Die Ent-täuschung, die die bisherigen Begegnungen beobachtet hat, wirkt etwas besänftigt. Ein leises Lächeln huscht über ihr verhärmtes Gesicht. Einige ihrer tiefen Falten glätten sich, als sie sagt: „Mit der Selbstliebe und der Bescheidenheit an meiner Seite fühle ich mich nicht mehr allein und getragen in schwierigen Momenten und meiner oft nicht einfachen Aufgabe für den Menschen. Die Klarheit ist heimlich immer schon mein liebster Freund, der Mut tut mir gut!" Mit Blick auf die bunt gekleidete Lebensfreude, die sich im Takt der aufkommenden Musik tanzend hin und her bewegt, sagt sie: „Ich wäre dir gern zu Diensten, um dich vor Fehlern und Fehltritten zu bewahren. Lebensfreude, du bist und bleibst für uns alle hier das angestrebte Ziel, das es zu erreichen gilt.“ – Erstmals richtet die Lebensfreude ihre Augen auf die Ent-täuschung: „Ich habe dich vorher nie wirklich gesehen, dich eher abgelehnt und als Störenfried verdrängt. Ab heute darfst du immer kommen, wenn ich Täuschungen unterliege. Ich werde dich mit der Klarheit und dem Mut an meiner Seite nicht mehr aus den Augen verlieren! Du bist wichtig, das sehe ich jetzt! Der Mensch, zu dem wir alle gehören, wird es uns danken!“, hören alle die sich leicht im Takt der Musik wiegende Lebensfreude sagen. Es wird ein schönes, gemeinsames Fest und die Ent-täuschung ist das erste Mal in ihrem Leben nicht wirklich sie selbst. Die Hoffnung auf Veränderung, die inzwischen die Tanzfläche betreten hat, nimmt sie an die Hand und beide tauchen mit den übrigen ein in die Melodie des Lebens.

(2016)

Gefesselte Seelen

gefesselte Seelen
gefangen im eigenen und fremden Gefängnis
stumme Schreie - nie gehört
gefangen in Starre, Gefühllosigkeit, Härte, Wut und Schrecken

gefangen im eigenen und fremden Dunkel
Täter - Opfer
Macht - Ohnmacht
Schuld - Unschuld
Gegensätze - Verbindung
gemeinsames Leid

Sehnsucht der Seele nach Licht, Leben, Liebe, Befreiung

Befreiung der Seele
im Bad der Tränen und Schmerzen
im Licht des Erkennens und inneren Sehens
in der Wärme der Liebe und des Mitgefühls
in der Erlaubnis und Zustimmung

Befreiung der Seele
in der Kraft des Verzeihens und Loslassens
in der Annahme der eigenen Grenzen und Möglichkeiten
im JA zum Geschenk des Lebens
und zur eigenen Bestimmung

Seelenwege - Seelenbewegungen
befreite Seele

Danke für jeden Neubeginn

(2008)

Das Kreuz mit dem Kreuz

das Kreuz

festgenagelt
Kreuz in mehrfacher Bedeutung
Kreuzigung
gekreuzte Bande - festgebunden

das Kreuz

Ohnmacht, Schmerz und Tod

das Kreuz

Erlösung und Befreiung
Heilsversprechung
Lügengespinste
Versteckspiel
Schuld und Verantwortung

das Kreuz

sein eigenes Kreuz tragen müssen
sein Kreuz niederlegen
vom Kreuz herabsteigen
sich selbst erlösen
befreien und vergeben

das Kreuz

ent - kreuzigen
los - sprechen
Erlösung in er-wachsenen Bewegungen

(2014)

Die Gesichter des chronischen Schmerzes

„Ich bin viele!“, sagt stolz und etwas „aufgeblasen“ der Schmerz - wie zu sich selbst. „Es gibt mich in vielen Schattierungen, so vielfältig wie Menschen in ihrem Erleben und Empfinden sind. Ich bin immer Produkt eines menschlichen Gedankenapparates, eines neuronalen Netzwerkes, eine subjektive Kreation. Und so gestalten sich meine Gesichter: Mal bin ich spitz und brennend, ein anderes Mal stechend und schneidend, dann stumpf und drückend, bohrend, dröhnend laut, subtil klopfend und leise. Ich sitze tief versteckt im Gewebe, in den Knochen, in unterschiedlichen Organen des menschlichen Körpers. Ich brauche den Körper, um mich bemerkbar machen zu können. Oft beginne ich jedoch unbewusst für den Menschen in seiner Seele, da wachse ich langsam vor mich hin. Irgendwann bahne ich mir den Weg über die Schaltzentrale im Gehirn in unterschiedliche Körperregionen und setze mich da fest. Wenn der Mensch mich bemerkt, beginnt sein Kampf gegen mich. Er versucht, mich möglichst schnell mundtot zu machen. Er hat Helfer an seiner Seite, Ärzte und Therapeuten, die ihm die notwendigen Mittel zur Verfügung stellen, um mich nieder zu ringen. Manchmal tun mir diese „Herrgötter in Weiß“ ein wenig leid, die sich redlich um mich bemühen. In einigen Fällen ziehe ich mich vorübergehend zurück, tue ihnen den Gefallen, mich scheinbar geschlagen zu geben. Man gibt mir unterschiedliche Namen, mal nennt man mich „organisch“, dann „somato-form“, dann wieder „neuropathisch“ oder „psycho-somatisch“. In jedem Fall ist das Ziel, mich fassbar und greifbar zu machen. Manchmal drückt man mich in Skalenwerten von 1-10 aus: Hilflose Versuche, mich wirklich zu erfassen, lieber Mensch! So wirst du mich nicht los! Ich bin und bleibe dein wichtigstes Alarmsignal. Ich weise dich auf Fehler, Unregelmäßigkeiten, „Baustellen“ in deinem System hin. Meine „verdeckten“ Botschaften machen dir Angst, du verstehst mich selten wirklich. Du reagierst mit Ohnmacht, Hilflosigkeit, Ärger, Flucht und Vermeidung. Du merkst nicht: wenn DU meine Hilfe annehmen und meine Botschaften entschlüsseln würdest, hättest DU Chancen Richtung Veränderung und Heilung. Wenn du achtsam und besonnen mit mir umgehst, mit mir ins Gespräch kommst, die Angst vor mir verlierst, Geduld und Verständnis für mich aufbringst, könntest du meine Botschaft leichter und schneller verstehen und entschlüsseln: Ich bin ein guter Freund für dich in kritischen Phasen auf deinem Lebensweg, ich habe dich kontinuierlich im Blick. Ich bin dir wohlgesonnen und habe ein Herz für dich, dein Leben lang!

(2016)

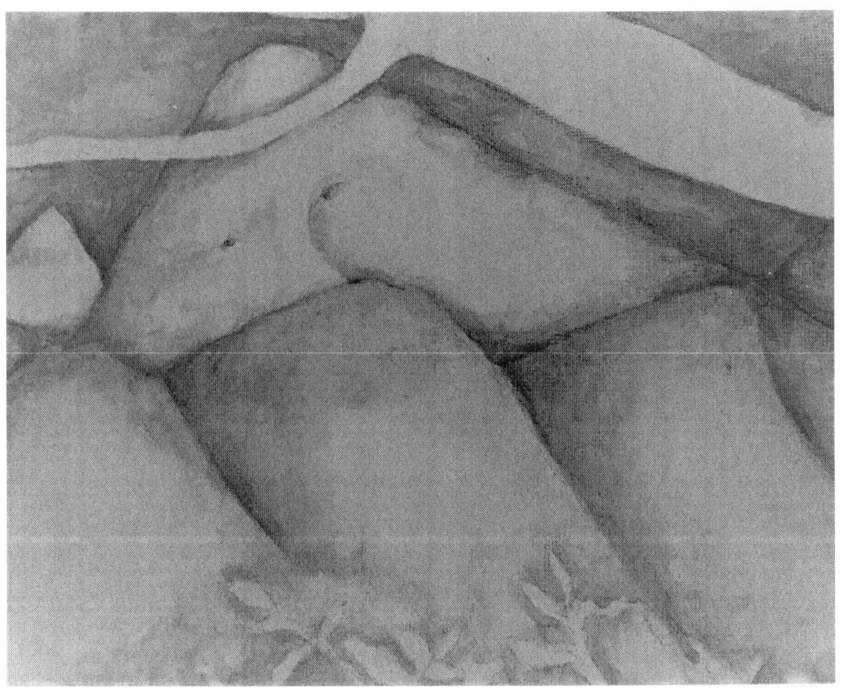

Lebensretter

Lebensretter -

Kraft, die immer da ist

Verzweiflung und Verirrung
kein Boden mehr
von körperlichem und seelischem Schmerz gefangen
festgehalten und überwältigt

Ohnmacht und Endstation

Lebensretter -

du hörst, siehst und verstehst
du nutzt Seele und Körper, dich zu zeigen

Lebensretter -

wie ein Leuchtfeuer in der Nacht
weist du der inneren Verzweiflung und Verirrung
den Weg
führst sie auf sichernden Boden
der Heilung

Lebensretter

(2013)

Umbruch

Vergangenes
- alte Zeit -
Kindheitserinnerungen
Bilder
Gedanken und Gefühle
Personen und Beziehungen

Gegenwärtiges
- im Hier-und-Jetzt -
Träume
Entwicklungswünsche
neue Impulse

innere, beunruhigende Stimmen
Fragen ohne Antworten

Misstrauen
Angst vor neuen Wegen
Stagnation

Aufbruch in Neues
neue Wege und Erfahrungen

Erkenntnisse
Löschung alter Programmierungen

Mut, Hoffnung, Zuversicht
Selbstvertrauen

Antworten und Lösungen

Zukunft

(2016)

Die drei Schattenwesen

Es gibt in meinem Leben drei Wesen,
die sich tarnen, als wären sie nie da gewesen.
Und obwohl sie so tun, als gäbe es sie nicht,
haben sie in meinem Leben ein großes Gewicht.

Das TABU hat mir die Wahrheit verklärt,
hat mir die Klarsicht und das Verstehen versperrt.

Die SCHULD hat mir die Verantwortung gegeben,
und lässt die Täter in Freiheit leben.

Die SCHAM hat mir die Röte in die Wangen getrieben,
klärende Worte sind mir im Hals stecken geblieben.

TABU, SCHULD und SCHAM wirken mächtig im Schattenland
und halten die Zügel fest in der Hand.
Alle drei haben Angst vor der Wahrheit und dem Licht,
Offenheit und Ehrlichkeit mögen sie nicht.

Nun werde ich meinen Fokus deutlich erhellen
und meinen Blick Richtung Sonnenlicht stellen.
Wird nun mein Leben der Wahrheit und Freiheit zugewandt
schrumpfen die drei Riesen zu Zwergen im Schattenland.

(Sabine 2015)

Das Gewicht

Da war einmal ein MENSCH............Mann oder Frau.... Wer weiß das schon?.......eben ein Mensch wie DU und ICH! Der Mensch lebt schon eine geraume Zeit an Jahren in seinem Leben, mal besser, mal schlechter. Ein durchschnittliches Leben eben - ohne große Besonderheiten.

Eines Tages beschließt er, eine Wanderung zu unternehmen, er nimmt seinen Rucksack, packt etwas Proviant und etwas zu trinken ein und macht sich frohen Mutes auf den Weg. Die Landschaft ist flach, er genießt im Gehen die warmen Sonnenstrahlen des Frühlings und den leisen Wind. Nach einer geraumen Weile sieht er vor sich einen Berg und beschließt, diesen Berg zu erwandern. Er betrachtet den Berg mit seinem Gipfel aus der Ferne und denkt: „Wie schön muss es sein, ganz oben auf dem Gipfel zu sitzen und in die Weite zu schauen, der Weg lohnt sich auf alle Fälle!"

Mit diesen Gedanken macht er sich an den Aufstieg. Der Weg ist nicht länger flach und er bemerkt das Gewicht seines Rucksackes auf dem Rücken und sein eigenes Körpergewicht. Auf einem kleinen Plateau macht er Rast, setzt sich, um etwas auszuruhen und Kraft zu tanken. In einiger Entfernung fällt sein Blick auf ein zartes, fast durchsichtiges, jedoch menschenähnlich wirkendes Wesen, das ihn aus der Entfernung im Blick hält. „Eine Fee!", denkt er spontan. „So ein Unsinn, Feen gibt es nicht, nur im Märchen und das hier ist die Realität!" Mit diesem Gedanken packt er seine Sachen und geht weiter seines Weges bergauf.

Im weiteren Aufstieg spürt er zunehmend seinen Körper, seine Beine, die schwer werden, seine Hüften, auf denen der Rucksack hängt, seine Wirbelsäule, die schmerzt, sein angestrengtes Atmen. Die Mittagssonne brennt vom Himmel und der kühle Wind ist verschwunden. Er setzt sich erneut an einer flacheren Stelle auf die warme Erde und trinkt einen Schluck. Da ist sie schon wieder diese Gestalt! Dieses Mal näher als vorher, er kann ihre Augen sehen, die ihn im Blick haben. „Was will sie von mir? Sie soll mich nicht weiter belästigen!", schießt es durch seinen Kopf. Ärgerlich nimmt er seinen Rucksack und setzt seinen Weg fort. Nach einem kurzen Stück

des Weges wird es immer beschwerlicher. Der Gipfel ist noch weit entfernt. Er spürt eine bleierne Schwere, die sich seines Körpers bemächtigen möchte. „Vielleicht habe ich mir zu viel vorgenommen! Ich schaffe es nicht bis oben." Ein leiser Windzug lässt ihn hinter sich blicken und da steht sie, die Fee, jetzt direkt hinter ihm. „Ich habe eine Botschaft für dich!", hört er die Fee mit wohltuender leiser Stimme sagen! „ Da ist etwas in deinem Rucksack, das du ablegen musst und loslassen musst, damit es leichter werden kann." „So ein Unsinn, das ist mein alter Rucksack", antwortet der Mensch „den trage ich, solange ich lebe mit mir! Rede mir nichts ein!"
Mit diesen Worten wendet er sich ab, rafft sich auf und geht wieder ein Stück bergan. Auf dem nächsten Plateau - der Gipfel ist deutlich näher und in greifbarer Weite - bricht er erschöpft zusammen. Er weint verzweifelt: „Ich kann nicht mehr weiter, ich gebe auf!"
Da spürt er eine zarte Hand auf seiner Schulter - die Fee ist wieder da! Er hört ihre Stimme: „Du bist nicht allein, wenn du es zulässt, helfe ich dir!" Sie legt den Arm um den weinenden Menschen und hält ihn lange. Dann öffnen beide den Rucksack. Der Mensch entdeckt stückchenweise Dinge, die für ihn zu schwer sind, nicht ihm gehören und die er nicht mehr mitnehmen möchte. Die Fee verspricht, auf die abgelegten Dinge acht zu geben, damit sie nicht in die falschen Hände geraten. Er bedankt sich bei der Fee und spürt plötzlich eine Leichtigkeit und neue Kraft.
Auf dem weiteren Stück Weg verspürt er ein Glücksgefühl, das er in sich lange nicht mehr wahrgenommen hat. Er streicht sich liebevoll durch seine Haare, spürt den leichten Wind, der um seinen Kopf weht. „Vielleicht kommt sie noch einmal?", denkt er ein wenig sehnsuchtsvoll. „Komisch, zu Anfang habe ich sie verflucht, diese Fee und jetzt wünschte ich, sie wäre hier und bliebe für immer! Sie fehlt mir!"
Auf dem nächsten Plateau unterhalb des Gipfels macht er noch mal Rast. Er entdeckt eine Höhle, die tief in das Gestein des Berges hineinführt. Vor dieser Höhle entdeckt er einen Berglöwen, der langsam auf ihn zukommt. Er verspürt keine Angst, so als wäre dieses Tier ihm tief im Innern ein vertrauter Freund und Helfer. „Ich habe eine Bitte an dich", richtet er das Wort an das Tier, das ruhig und gesammelt den Blick auf ihn gerichtet hält. „Ein Plateau tiefer habe ich Dinge aus mei-

nem Rucksack zurück gelassen, die mir lange lieb und teuer waren, haben sie mich doch mein bisheriges Leben lang begleitet. Ich möchte, dass du sie bewachst, damit sie da bleiben, wo ich sie abgelegt habe!"
Der Berglöwe verspricht ihm, das Gewünschte zu tun. Die beiden verabschieden sich und beide gehen in entgegengesetzte Richtungen.
Auf seinem weiteren Weg schaut der Mensch ab und zu zurück und sieht den Berglöwen, wie er sich langsam dem tiefer liegenden Plateau nähert. Seltsam beruhigt spürt er eine stärker werdende Leichtigkeit, die seinen ganzen Körper durchströmt. Der leise Wind begleitet ihn wie ein guter Freund, so als flüstere er ihm ins Ohr: „Gut hast du das gemacht! Es war höchste Zeit!"
Angefüllt mit dieser Leichtigkeit erreicht er am Nachmittag den Gipfel. Er setzt sich, trinkt etwas und schaut sich staunend um. In der Weite nimmt er die Schönheit der Natur wahr, den Himmel, die Vögel, die grüne Landschaft, die kleinen Häuser, die unter ihm wie Spielzeug wirken. Ein tiefes Glücksgefühl durchströmt ihn von Kopf bis Fuß. Er atmet tief die klare Bergluft ein, die seine Lungen mit neuem Sauerstoff füllen. „Das Leben ist schön, wenn ich ganz nah bei mir bleibe!", denkt er tief bewegt und dankt aus tiefstem Herzen Gott. Und da spürt er ihn wieder - den zarten Windhauch hinter sich. Dieses Mal weiß er es sofort - sie ist wieder da, seine Fee! Sie steht hinter ihm, schaut ihn liebevoll an und sagt: „Der Berglöwe, den du geschickt hast, ist angekommen! Er ist ein besserer Wächter als ich und wird von anfeindenden Kräften ernster genommen als ich! Wenn du es mir gestattest, bleibe ich den Rest deiner Lebenszeit ganz in deiner Nähe und helfe dir, wenn du mich brauchst. Ich habe dir zudem etwas mitgebracht!"
Mit diesen Worten reicht sie ihm einen Apfel. Tief bewegt durch ihre Worte beißt er genüsslich in den Apfel und schmeckt die Süße und Frische der Frucht. „Der weite Weg hat sich wahrlich gelohnt! Ich habe es geschafft und bin bei mir angekommen!", spricht er wie zu sich selbst. Die Fee nickt vielsagend und fragt nach einer geraumen Zeit der Stille: „Weißt du eigentlich, wer ich bin?" - Der Mensch schaut sie lange nachdenklich an und schüttelt den Kopf. „Ich bin deine innere Stimme und gehöre schon immer zu dir. Schön, dass du mich jetzt entdeckt hast!"

(2014)

Die Kinderseele

Unbeschrieben
wie ein leeres Blatt Papier

beweglich
wie ein Halm im Wind

offen
wie das weite Meer

verbunden
mit Himmel und Erde

bereit
viele Wege zu gehen

verletzlich
wie eine zarte Blüte

ehrlich
wie die Wahrheit,
voll Vertrauen und Loyalität

die Kinderseele -
alle haben sie
das ganze Leben lang
bleibt sie

(2006)

Angekettet

- angekettet -

Lösung und Befreiung
unmöglich

- angekettet -

Wie?
Wann?
Warum?
Wodurch?
Wozu?
unerlöste Fragen - keine Antworten

- angekettet -

genetische Programmierung
festgeschrieben in allen Zellen - auf Ewigkeit
gebunden an Programme früherer Generationen
keine Erlaubnis für eigene, neue Wege und Entwicklung

- angekettet -

wie ein Vogel im Käfig
verschlossene Tür ohne Schlüssel
Sehnsucht nach Befreiung

- Befreiung -

lange Wege der Suche
Antworten auf Fragen
Erkenntnisse und Gefühle
Schmerz und Tränen

- Befreiung -

Wegkreuzungen
Akzeptanz der Vergangenheit
Entscheidungen und Entschiedenheit
Wachstum und Neuorientierung

- Befreiung -
Loslassen von Schuld und Scham
Lösen alter Loyalitäten
nicht mehr dazugehören

- Befreiung -

Neubeginn
neue Programmierung bis in alle Zellen

- frei –

(2014)

Das Labyrinth

Ein alter Mann sieht, wie ein Kind selbstvergessen und konzentriert mit seinem Bleistift den Ausweg aus einem auf einem Blatt Papier vorgegebenen Labyrinth sucht. Der Alte setzt sich still in die Nähe des Kindes und schaut ihm zu. Er spricht leise zu sich selbst: „Kreise, immer wieder Kreise.....Ziele, immer wieder neu...Sackgassen, immer wieder Endstationen, kein Weiterkommen! Und wieder neu beginnen! Neue Lösungswege suchen!“
Bei diesem Selbstgespräch tauchen in dem alten Mann viele Bilder seines bisherigen Lebens auf. „Das Leben ist wie ein Labyrinth! Als Kind war dieses Labyrinth ein Spiel, eine Aufgabe auf dem Papier. Es galt, möglichst schnell und direkt den Ausgang zu finden, den Bleistiftstrich ohne Unterbrechung und damit möglichst schnell und direkt zum Ziel zu bringen! Dass ein solches Labyrinth meinen bisherigen Lebenslauf abbildet, hätte ich damals nie gedacht. Der Lauf des Lebens hat schon Ähnlichkeit mit solch einem Labyrinth. Erst geht es meist geradeaus, es ist überschaubar, ab und zu eine Überraschung, eine Wegkreuzung, an der es auf jeden Fall in alle Richtungen weitergeht. An bestimmten Kreuzungen ist dann der Weg zum Ziel nicht mehr direkt zu erkennen, verschiedene Wege versprechen zunächst eine mögliche Lösung. Dann mehr und mehr Verwirrung, versperrte Wege, Sackgassen, kein Weiterkommen, mehrere Möglichkeiten. Erneute Orientierung wird notwendig..... Rückschritte, möglicherweise Umwege. Aufbringen von Geduld, Vertrauen in neue Schritte, bleibende Hoffnung auf das Erreichen des Ziels. So ist der Lauf im Labyrinth des Lebens!“
Während dem alten Mann viele Situationen seines Lebens bewusst werden und er vieles von sich in der Rückschau wieder erkennt, ist das Kind mit seiner Zeichnung am Ziel angekommen. Es steht selbstzufrieden lächelnd auf, nimmt sein Zeichenmaterial und geht. Den alten Mann, der ebenfalls zufrieden in sich hinein schmunzelnd seinen Platz verlässt, hat es gar nicht bemerkt!

(2016)

Die Kinder

Ein Mensch beschließt eines Tages, sich auf den Weg zu sich selbst zu machen. Viele Ereignisse sind in seinem Leben geschehen, die ihm sowohl Licht als auch Schatten beschert haben. Er ist neugierig, womit die „Schatten", die ihn lange Zeit schon belasten, zu tun haben. Niemand möchte ihn auf diesem Weg begleiten, es ist vieles unklar, ungewiss und für viele seiner Lebensgefährten unverständlich.
Nach langem Zögern geht er allein. Er kommt zunächst an vielen bekannten Plätzen vorbei, sieht bekannte Menschen, grüßt freundlich, lässt sich aber nicht aufhalten. Nach geraumer Wegstrecke erreicht er eine ihm unbekannte Wegkreuzung. Er bleibt stehen - niemand ist zu sehen. Der zunächst strahlend blaue Himmel bezieht sich, Wolken ziehen auf. „Ich habe keinen Schirm mitgenommen!", denkt er. In der Ferne sieht er ein paar Bäume, er lenkt seine Schritte auf diese Baumgruppe zu. Beim Näherkommen entdeckt er, dass es nicht ein paar Bäume sind, sondern ein ausgewachsener Wald, auf den er zusteuert.
Ein leicht flaues Gefühl im Magen beschleicht ihn, gleichzeitig treibt ihn sein Anliegen, seine Neugier und eine Kraft in ihm, die er nicht beschreiben kann. Er betritt zügig den Wald, muss seine Schritte jedoch verlangsamen, stehen ihm doch Bäume im Weg, um die er herum gehen muss. Er sieht, es gibt keinen klar vorgezeichneten Weg, keine Wanderroute, keine Beschilderung. „Sollte ich umkehren?", meldet sich eine Stimme in ihm. „Nein, weitergehen!", hört er eine zweite Stimme in sich, der er folgt: er setzt seinen Weg fort. Durch die Baumwipfel ist der Himmel kaum zu sehen, er hört nur den Wind durch die Bäume streichen. Als er um den nächsten großen Baum biegt, sieht er sich einem großen Bären gegenüber. „Mein letztes Stündlein hat geschlagen, es ist aus und vorbei mit mir!", schießt es durch seinen Kopf. Flucht ist keine Lösung, er scheint dem Tier ausgeliefert. Wider Erwarten schaut der Bär freundlich auf ihn, so als kenne er ihn und habe ihn erwartet. Er weist in eine Richtung und lässt ihn gefahrlos an sich vorbei. Nach dem ersten Schrecken sieht er in nicht allzu großer Entfernung Licht. Er kommt

näher und entdeckt, dass das Licht die Sonne am Himmel ist, die sich an dieser Stelle den Weg durch die Baumwipfel verschafft. „Gott sei Dank, endlich sehe ich etwas klarer!“, denkt er und nähert sich der sonnendurchfluteten Lichtung. Dort angekommen, hört er leises Vogelgezwitscher und das Plätschern von Wasser... „In der Nähe wird wohl ein Bach oder zumindest eine Wasserquelle sein!“, denkt er. Er verspürt plötzlich großen Durst. Als er die Wasserquelle nicht weit von sich entfernt unter einer großen Linde entdeckt, fällt sein Blick gleichzeitig auf zwei Kinder, die am Fuß des Baumes auf dem Boden sitzen. Eines der Kinder hebt seinen Kopf, als er sich nähert. Das andere verbleibt ungerührt und regungslos, wie erstarrt in seiner Haltung, so als habe es ihn nicht wahrgenommen. Er nähert sich vorsichtig und hört ein leises Knacken in den Büschen. Als er sich umdreht, sieht er den Bären, der in sicherem Abstand stehen bleibt. Immer mehr Fragen gehen ihm durch den Kopf... „Wo bin ich hier, was soll das alles? Wie kommen die Kinder hierher...warum sind sie allein hier an diesem Ort?“ Er nähert sich vorsichtig den beiden und fragt leise: „Wo sind eure Eltern? Passt niemand auf euch auf? Kinder so allein im tiefen Wald - das ist gefährlich!“ Ein langer tiefer Blick des einen Kindes trifft ihn mitten ins Herz und er erkennt: Die Kinder gehören zu ihm, seinem Leben und seinen „Schatten“. Er beginnt zu begreifen: auch der Kinder wegen ist er unterwegs. Nach und nach kommen ihm vergessene Bilder und Erinnerungen aus der Vergangenheit in den Sinn, die ihn als Kind belastet, geängstigt und überfordert haben. Gefühle von Verlassenheit, Ohnmacht, Unverständnis und tiefer Sehnsucht breiten sich in ihm aus. Er setzt sich nieder ins Gras und beginnt leise zu weinen. Seine Tränen laufen auf den Boden. Er spürt, wie er ruhiger wird und er jetzt die Kraft hat, sich die Kinder näher zu betrachten.

„Ich werde mich ab jetzt um euch kümmern!“, sind seine Worte, bei denen auch das wie tot erscheinende Kind den Kopf hebt. „Ihr braucht einen sicheren Platz, an dem es euch endlich nach der langen Zeit gut gehen kann!“ Aus herumliegendem Holz baut er ein großes Schaukelbrett, das er an zwei Seilen, die von der Linde herunterhängen, befestigt. „Nehmt Platz! Ich hole uns etwas zu trinken“, sagt er. Er hebt beide Kinder auf die Schaukel und holt in einer Flasche, die er bei sich trägt, Wasser aus der Quelle. Er reicht seine Flasche den beiden im Wechsel, dann trinkt er auch. Die Sonne wärmt das Schaukelbrett und der Wind bewegt langsam die Kinder auf der Schaukel. Beide strahlen ihn an, so als könnten sie noch nicht glauben, dass er sie entdeckt hat. „Ab heute bin ich für euch da, bis an mein Lebensende, das verspreche ich. Da ich nicht hier bleiben kann - ich bin ja erwachsen und muss auch für meine Familie sorgen - stelle ich euch jemand an die Seite, der diesen Platz sichert und euch vor ungebetenen Gästen schützen kann.“ Mit diesen Worten winkt er dem Bären, der sich langsam nähert. „Das ist ab heute euer Beschützer gegen alles, was Kindern gefährlich werden kann. Den Bären lasse ich hier, zu eurem Schutz. Ab und zu werde ich auch nach euch sehen, ich kenne ja jetzt den Weg!“

Die Kinder sind bei seinen Worten sichtlich berührt, lachen befreit und schaukeln immer höher und höher. „Das Leben ist schön, und das Kinderlachen nehme ich mit in meinen Alltag“, sagt er leise zu sich selbst, bevor er sich auf den Rückweg macht. Er schaut sich nochmal um, winkt den Kindern, hört das sanfte Brummen des Bären, der jetzt neben der Schaukel auf dem Boden Platz genommen hat. Zufrieden, ruhig und mit einer neuen Wärme in seinem Herzen, macht er sich auf den Heimweg.

(2016)

Wurzelschmerz

Wurzeln
Ursprung und Beginn der Existenz
Nahrung für Leben
Wachstum und Entwicklung

verstrickte, verwobene Wurzeln
Ursprung für Irrwege und Leid

Wurzelschmerz
Blockade und Bremse
Hindernis und Hürde
Angst und Hemmung
Gefängnis der persönlichen Freiheit und
der eigenen Bewegungen

aushalten
gebunden in tiefer Loyalität und Bindung

Wurzelschmerz
Signal und Wegweiser
Weiche für Abschied und Neubeginn

Wege
sehen und erkennen
verstehen und entscheiden
Mut und Kraft für neue Wege und Schritte
Schmerz der Trennung und des Aufbruchs

Neuorientierung
Ankommen im eigenen SELBST
Heilung

(2013)

Es war einmal ein Kind

Es war einmal ein Kind - war es ein Junge oder war es ein Mädchen? Ich weiß es nicht! War es noch ein kleines Kind oder war es schon älter? Auch das weiß ich nicht! Für das, was ich jetzt erzähle, ist es nicht wichtig, wie alt das Kind war oder ob das Kind ein Junge oder ein Mädchen war.

Das Kind lebte in einer Stadt mit seiner Familie: seinen Eltern - Mama und Papa - und seinen Geschwistern. Ab und zu kamen Mitglieder der Familie zu Besuch: Oma und Opa, Tanten und Onkel. Manchmal hörte das Kind, wie die Erwachsenen von Menschen sprachen, die das Kind noch nie gesehen oder noch nie gesprochen hatte. Es waren immer Personen, die zur Familie gehörten, aber schon tot waren. Manche waren durch eine schwere Krankheit oder einen Unfall gestorben - manche davon schon als Kinder. Die waren nie erwachsen geworden. Das Kind hörte auch Geschichten vom Krieg und von Männern, die als Soldaten im Krieg gestorben waren. Das waren immer traurige Geschichten und manchmal wurde auch geweint. Opa erzählte von seiner ersten Frau, die bei der Geburt des ersten Kindes gestorben war. Er hatte dann die Oma geheiratet, die das Kind gut kannte. Bei anderen Geschichten über früher wurde auch gelacht. Mama und Papa erzählten dann von ihren ersten Freunden und Freundinnen, die sie nicht geheiratet hatten. Das Kind war immer neugierig und beobachtete die Erwachsenen genau, wenn sie erzählten. Das Kind spielte gerne, mal ganz ruhig allein in seinem Zimmer, mal wild und ausgelassen mit anderen Kindern. Es lachte gerne und hatte viel Spaß. In diesen Zeiten war es glücklich und zufrieden und dachte in keiner Weise an die Geschichten der Erwachsenen. Dann gab es aber auch Momente, in denen das Kind Gefühle und Gedanken bei sich bemerkte, die ihm nicht gut taten. Das Kind fühlte sich dann unruhig, nicht sicher, manchmal war es auch ärgerlich und wütend oder ganz zappelig, konnte nicht stillsitzen und spielen. Es gab auch Momente, da fühlte sich das Kind ganz schwer und traurig. Manchmal wurde in solchen Situationen auch der Körper krank, das Kind bekam Bauch- oder Kopfschmerzen und Fieber. Die Erwachsenen

schienen die Gedanken und Gefühle des Kindes wenig zu merken - und schließlich gingen die Gefühle dann auch wieder vorbei.
Bei den Erwachsenen merkte das Kind auch Unterschiede, mal schienen Mama oder Papa glücklich und zufrieden, dann wieder waren sie unzufrieden, traurig, zappelig und wütend. Es gab Situationen, da wurde das Kind böse angeguckt oder von Mama oder Papa bestraft, ohne dass das Kind verstehen konnte wofür. In anderen Situationen hatte das Kind das Gefühl, Mama oder Papa beschützen oder trösten zu müssen. Dann ließ das Kind das Spielzeug liegen und setzte sich zu Mama oder Papa, damit sie nicht allein sein mussten mit ihren schlimmen Gefühlen. Wenn es dann abends im Bett lag, fühlte es vor dem Einschlafen ein schweres Gefühl im Bauch oder Kopf, das ihm nicht gut tat.
Eines Tages war wieder so ein Tag, das Kind merkte, dass Mama traurig war, wenig redete und ärgerlich wurde, wenn das Kind eine Frage stellte. Das Kind konnte nicht ruhig in seinem Zimmer spielen, immer wieder dachte es an Mama, was wohl mit ihr los sei. Es hörte auf zu spielen und ging in die Küche zu ihr. Mama hatte geweint - das sah das Kind an den roten Augen. Das Kind setzte sich stumm zu ihr und nahm ihre Hand. Da schaute die Mama das Kind an, weinte leise und nahm es in den Arm.
Nach einer Zeit sagte sie etwas Seltsames: „Liebes Kind, ich habe dich sehr lieb und du hast mich sehr lieb, das ist schön. Aber du darfst dich nicht um mich sorgen, du bist nur das Kind. Ich bin die große Mama und du bist das kleine Kind, auch wenn du immer älter und größer wirst. Ich bin da, um auf dich aufzupassen und für dich zu sorgen, nicht umgekehrt. Wenn ich traurig bin, wie jetzt gerade, hat das nichts mit dir zu tun, sondern mit Geschichten, die früher passiert sind, bevor du auf der Welt warst. Das ist wie ein schwerer Stein, der zu mir gehört und den ich tragen muss. Du darfst das nicht für mich machen."
Dann stand die Mama auf und nahm ein schwere Blumenvase, die im Flur stand. Sie gab dem Kind die Vase in den Arm und sagte: „So ist das mit dem Schweren, fühle mal, wie schwer das ist!" Das Kind stand einen Moment mit der schweren Vase, konnte sie kaum halten. Die Mutter lächelte und sagte: „Du bist und bleibst mein

liebes Kind. Auch wenn du mir das Schwere lässt, bleibst du mein liebes Kind und ich deine dich liebende Mama! Ich kann das tragen." Mit den Worten nahm sie die Vase in einen Arm und das Kind in den anderen. „Das hat beides Platz bei mir", sagte sie leise. Da fühlte sich das Kind ganz leicht, lehnte sich an und dachte: „Hier bei meiner Mama ist ein guter Platz für mich!"

(2003)

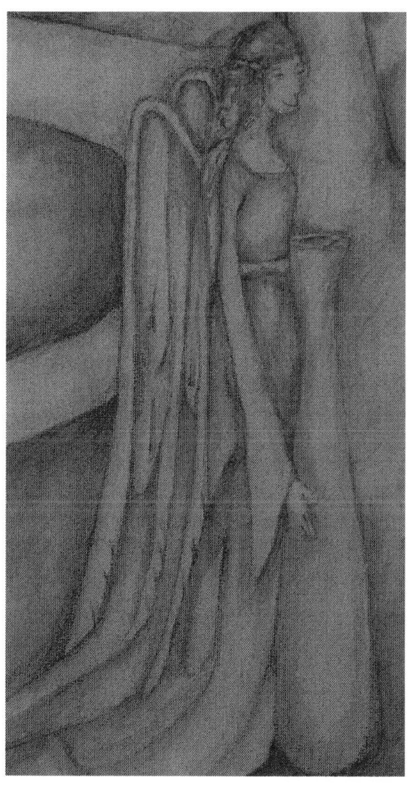

Generationen

Vergangenheit
Gegenwart
Zukunft

- ein Gewesen -
- ein Jetzt -
- ein Wird Sein -

alte Aufträge
Muster und Einstellungen
Karma

Liebe mit- und füreinander
transgenerationale bleibende Verbindungen
sichernd - stützendes Band und Fessel zugleich
Hafen und Horizont

Rückenwind und Begleitung in neue Möglichkeiten und Räume

Segen der Vergangenheit
Erlaubnis Richtung Zukunft

Geschenke des Lebens
im Hier und Jetzt

(2013)

Trauer

Gefühlszustand nach Verlust
Schock
Abwehr
Leere
Schmerz
Ohnmacht
Einsamkeit
Endgültigkeit

Verfassung der Seele
Gefühle in Erstarrung

Gefühl, das uns trennt
von uns selbst und anderen

Gefühl, das in uns und um uns
Angst macht
Gefühl, das Rückzug auslöst
- oft lange Zeit -

Gefühl, das die Liebe zum Verlorenen
in einem kostbaren Tresor bewahrt

Gefühl, das Erinnerungen lebendig erhält
Gefühl, das die Liebe in Tränen zum Fließen bringt
Gefühl des Lebens und der Verbindung

(2008)

Wie eine Meerjungfrau vom Baum herunterkommt.....

Es war einmal.....ein kleines Mädchen....
Das wurde in eine Zeit hineingeboren, wo viel Unruhe, Unsicherheit, Gewalt und Zerstörung unter den Menschen auf der Erde herrschten. Die Menschen führten Krieg mit- und gegeneinander, viele verloren ihr Leben, geliebte Menschen, ihre Heimat und ihr Hab und Gut. Nicht nur das Äußere der Menschen war in höchster Gefahr - auch die Seelen waren gefangen in tiefer Unruhe.
Der Lebensbaum des kleinen Mädchens wuchs trotz dieses unsicheren Bodens beständig und gedieh - fest verwurzelt - zu einem stattlichen Baum: er konnte viel aushalten, widerstand heftigen Stürmen, genoss Sonne und Wind und trug, als er erwachsen wurde, Frucht. Aufgrund seiner ausladenden Krone und dichtem Blattwerk diente er Wanderern als Schutz vor plötzlich einsetzendem Unwetter und spendete wohltuenden Schatten gegen die glühend heiße Sonne. So gab er sich im Verlauf der Jahre widerstandslos und geduldig dem Wechsel der Jahreszeiten hin.
Tief in seinem Inneren existierte jedoch ein leises Stöhnen, das der Baum spürte und das im Laufe seiner Jahre zu einem nicht nach außen dringenden anwachsenden Schreien wuchs. Der Baum brauchte Hilfe: in seiner linken Kronenhälfte befand sich ein besonders stabiler Ast, auf dem eine Meerjungfrau Unterschlupf gesucht hatte. Sie saß schon sehr, sehr lange da. Der Baum wusste nicht genau, wann sie ihn heimgesucht hatte, er hatte es gar nicht bemerkt. Sie saß da, wie selbstverständlich zu Hause hier an diesem Ort!
Der Baum spürte diesen ungebetenen Gast immer mehr als Last, die er gerne los werden wollte. Die andere Hälfte seiner Krone verkümmerte langsam, trug schon lange keine Früchte mehr, lediglich wenige kleine grüne Blättchen quälten sich im Frühling unter der lockenden Sonne aus den Ästen - verzweifelt im Widerstand gegen das Absterben! Tief in seinen Wurzeln wurde das Schreien immer lauter....bis eines Tages........der Wind diese Schreie vernahm. Er sammelte all seine Kraft und blies in den Baum, ganz sicher, dass die Wurzeln des Baumes diesen halten würden. Mit Windes-Kraft

hob er die Meerjungfrau von dem Ast und trug sie auf seinen starken Armen - sie konnte ja auf der Erde nicht selber gehen - sanft und sicher nach Hause ins Meer.
„Endlich zu Hause!", seufzte die Meerjungfrau und fühlte ihren eigenen „Boden" unter sich – den Meeresgrund.
„Endlich frei!", atmete der Baum erlöst und tanzte tief in seinen Wurzeln voller Dankbarkeit und Freude. Er spürte noch die schweren Jahre in sich, die hinter ihm lagen.....gleichzeitig spürte er den leisen Wind, der sanft und liebevoll seine Krone umstrich und die Blätter liebkoste. Eine neue Leichtigkeit begann sich in seiner Krone auszubreiten. Er richtete sich auf in seiner vollen Größe und entdeckte neben dem Stamm einen Korb - voll mit Früchten des Lebens.

(2010)

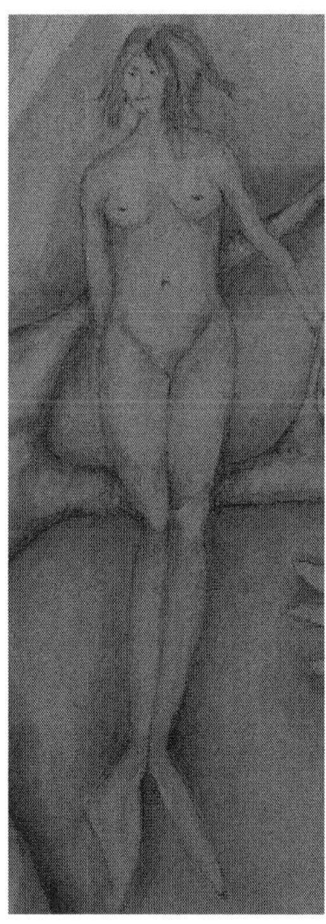

Der Dämon

ist böse und belastet die Seele
verstört und zerstört die Liebe und den Frieden
kommt von weit her

der Dämon

über viele Generationen erhalten
immer weitergegeben

der Dämon

nistet sich tief in der Seele ein
frisst sich fest
ernährt sich aus dem gegenwärtigen und den früheren Leben

der Dämon

überdauert Generationen
behält die gleiche Botschaft und Ausdruck
schwer erkennbar, wohin er ursprünglich gehört

der Dämon

auf der Suche nach seinem wahren „zu Hause“

Mensch

beobachte, schaue, fühle, verstehe
denke und entscheide
lass‘ los und geh

der Dämon

Achtung, Mitgefühl und Segen für die,
zu denen er ursprünglich gehört!

(2016)

Das Böse

Das Böse in uns
sitzt fest.

Hält sich und uns selbst fest.
Behindert das Gute.
hält es gefangen, hungert es aus.

Täter und Opfer,
Macht und Ohnmacht.

Nein zum Leben.
Nein zum Glück.
Nein zur Gesundheit.
Nein zur Gerechtigkeit.

Wann kommt das JA,
das befreit?

(2016)

Licht und Schatten

Tag und Nacht
Gegensätze

Gott gewollt
Naturbestimmt
unveränderlich

der Mensch im Schatten
der Mensch im Licht

Phasen, Abschnitte des Lebens

veränderlich

(2016)

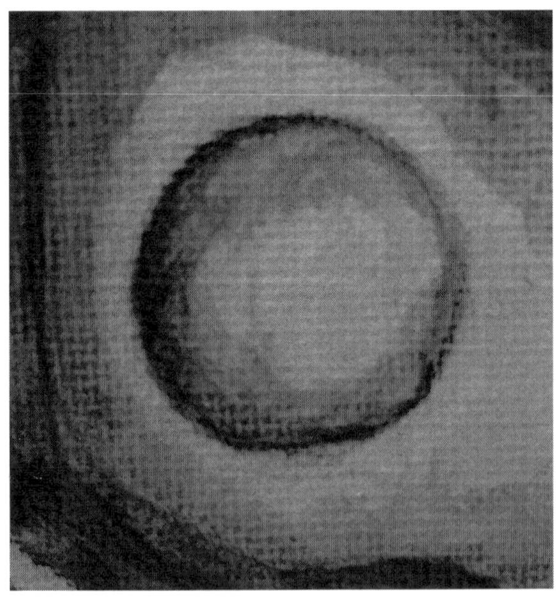

Die Schein-Heiligkeit

Ich bin „heilig", „heilig", „heilig"! Alle sehen das! Sie beten mich regelrecht an, sie verherrlichen mich, bewundern mich, sie ahmen mich nach, wollen so sein wie ich! Der Schein trügt! Der Wolf im Schafspelz! Sie kennen mich nicht wirklich!
Mir ist das ganz wichtig, dass mein Heiligenschein hell nach außen strahlt, mein scheinbar reines Gewissen, rein und ohne Schuld sein, das ist mir höchstes Gut! Ich muss diesen Heiligenschein wahren, um jeden Preis! Ich schmücke mich mit Freundlichkeit, einem äußerlich großen Herzen, spiele oft den barmherzigen Samariter. Niemand sieht, was wirklich tief in meinem Herzen wohnt: eine große Angst, menschlich unbewusste Tiefen! Gefühle von Verlassenheit, unerfüllte Bedürfnisse und Sehnsüchte, Neid und Verurteilung! Ich halte meine „heilige" Fassade aufrecht, niemand darf merken, dass mir selbst vieles fehlt. Ich versammle meinesgleichen um mich herum, dann bin ich in Sicherheit. Wer könnte dieses perfide Spiel durchschauen? „Der Teufel steckt im Detail!", sagt man im Volksmund. Diese feinen Details, die meine Heiligkeit gefährden und in Frage stellen könnten, lege ich geschickt ins Dunkle, verstecke sie vor der Öffentlichkeit. Niemand bekommt sie zu sehen. Ich bin in verschiedenen „Gewändern" unterwegs: Arzt-und Therapeutengewänder, Priestergewänder, Lehrergewänder, Erzieher-, Pfleger- und Elterngewänder. All diese Rollen werden von bedürftigen, abhängigen und suchenden Menschen unterschiedlicher Altersgruppen gebraucht. Ich predige, missioniere, belehre und missbrauche in meiner Rolle die Unschuld, die Unwissenheit und die emotionale Leere der mir Anvertrauten. Mein Schafspelz ist dicht und damit undurchschaubar! Nur manchmal.....reißt er kurz auf. Dann sieht man den dunklen Teil des Wolfes in mir, tief unter dem Schafspelz verborgen. Gott sei Dank, dass nur wenige Menschen dieses scheinheilige Fassadenspiel erkennen und durchschauen. Einige davon gibt es, sie sind mir schon begegnet. Ich mag sie nicht und gehe ihnen - meist erfolgreich - aus dem Weg! Und so gelingt es mir weiterhin:
...ich bin und bleibe „heilig" - SCHEIN-„Heilig"!

(2017)

Erlösung

Das Böse von außen
das Böse nach innen

Fluch
Un-möglichkeit
keine Lösung in Sicht

Liebe von außen
Liebe im Innen

Hinbewegung
JA zum eigenen Leben

ungeahnte Möglichkeiten

erfüllte Hoffnung
Gewissheit und Zukunft

Erlösung

(2016)

Hoffnung

Unglück und Leid
kein Land in Sicht
traurig und allein
hilflos und ohnmächtig
auf sich zurückgeworfen
kein Durchkommen
keine Lösung in Sicht
aufgeben

Hoffnung

Stern am Horizont
kaum wahrnehmbar
doch existent

kleines Samenkorn
Hoffnung

Kind Gottes
Wasser des Lebens
Segen

(2016)

Die gefangene Liebe

„Was ist nur aus mir geworden?“, sagt die Liebe wie zu sich selbst. „Ich bin wie gefangen, es wird immer enger hier! Ich komme aus diesem Gefängnis nicht heraus, wie ich mich auch bemühe! Wie bin ich hier hineingeraten? Niemand da an meiner Seite, den ich fragen könnte oder der mir raten könnte. Wie lange kann ich das hier noch aushalten?“ Eine Träne läuft der Liebe über ihr schönes Gesicht. „Ich weiß, das war mal anders: ich hatte viele gute Begleiter, die sich immer in meiner Nähe aufhielten. Wo sind sie geblieben? Haben sie mich vergessen oder sind sie einfach gegangen, ohne dass ich etwas bemerkt habe. Damals waren da die Lebensfreude, die Lebenslust, die Neugier, die Zuversicht, die Zustimmung, die Erfüllung und die Sicherheit. Jetzt herrschen vor diesen Gefängnismauern Schmerz und Verletzung, Bitterkeit und Angst, Ohnmacht und Misstrauen, Wut und Trauer. Die Sicherheit hat der Unsicherheit und vielen Fragezeichen den Platz überlassen. Die Zuversicht hat tiefer Trauer um das Verlorene Platz gemacht. Diese Teile engen mich immer weiter ein, nehmen mir die Luft zum Atmen. Noch bin ich da! Eigentlich verwunderlich! Was hilft mir, zu bleiben und nicht schnell zu sterben in diesem Gefängnis. Früher gab es noch einen Teil in mir, der noch in mir ist und noch nicht aufgegeben hat. Diesen Teil gilt es zu finden in dieser Dunkelheit!“
Und die Liebe macht sich auf die Suche nach ihren verlorenen Begleitern. Sie ruft in die Dunkelheit hinein, weint leise und laut vor sich hin. Nach geraumer Zeit meldet sich eine Stimme aus der Dunkelheit: „Wer weint da? Das ist ja zum Gotterbarmen!“ - „Ich bin es! Die Liebe! Ich bin eingesperrt und weiß nicht, ob ich noch lange durchhalte in diesem Dunkeln. Ich brauche Hilfe!“ -„Wer stirbt hier?“, sagt die Stimme. „Ich sterbe immer zuletzt!“ - „Wer bist du?“, fragt die Liebe und schaut auf eine leicht grün gekleidete Gestalt. „Na, ich bin die Hoffnung und bin noch da!“, antwortet die Gestalt. „Ich sterbe bekanntlich zuletzt, bis dahin gilt es, auszuharren, aktiv nach neuen Möglichkeiten zu suchen!“ Die Liebe kann sich nicht beruhigen: „Das versuche ich schon zu lange, ohne Erfolg. Ich leide unter Verrat, Missgunst, Neid und Abwertung! Ich bin einsam

und traurig“, sagt sie verzweifelt. „Wie soll ich das weiter aushalten können! Und du Hoffnung hast gut reden, vieles von dir wurde auch enttäuscht, du hilfst auch nicht mehr wirklich weiter!“ - „Das ist auch gut so!“, meldet sich eine neue, etwas kratzige Stimme. „Das kommt durch mich, ich decke Täuschungen auf, ich heiße Ent-täuschung und bin dir Liebe gerne weiter ein treuer und wichtiger Begleiter. Ich bin nicht allein und ich habe noch jemand mitgebracht!“ Die Ent-täuschung zeigt auf eine weiß gekleidete schöne Gestalt mit einem klaren fast durchsichtigen Gesicht. Die Gestalt nähert sich der Liebe und sagt: „Ich weiß, wie es dir geht, ich fühle mit dir! So ist das, wenn man tief liebt und wahrhaftig bei sich ist. Es sind die Ent-täuschungen und damit verbundenen Verluste, die weh tun. Du darfst dich trotz dieser Gefühle nicht verraten, verstellen oder gar verlassen. Du bist schließlich die Liebe! Ich bin ab heute ganz nah bei dir und unterstütze dich. Nur wenn du weiterhin wahrhaftig liebst und dich nicht verbiegst und verrenkst, kannst du frei sein! Dann bin ich, die Klarheit und Wahrheitsliebe ganz an deiner Seite!“ Bei diesen aufmunternden Worten spürt die Liebe einen anderen bekannten Begleiter - die Angst - hinter sich und zögert, auf die Klarheit zuzugehen. In dem Moment tritt noch eine Gestalt hervor, in Rot gekleidet. Sie trägt ein rosafarbenes Gewand über dem Arm. „Das ist deins!“, sagt die aufrecht gehende Gestalt in Rot und lächelt der Liebe zu. „Du musst dich einfach nur trauen, dann wird alles ganz leicht. Ich bin der Mut und deine Tränen haben mich geweckt. Ich habe wohl lange geschlafen, jetzt bin ich wach!“ Die Hoffnung, der Mut, die Ent-täuschung und die Wahrheitsliebe bilden einen Kreis und nehmen die Liebe, die jetzt ihr rosafarbenes seidenes, weiches Kleid trägt, in ihre Mitte. „Du bist unser Mittelpunkt!“, rufen sie im Chor der Liebe zu, die sich inzwischen aufgerichtet hat und strahlt. „Ich bleibe und höre niemals auf!“, sagt die Liebe bewegt, mit Tränen in den Augen. Dieses Mal sind es Tränen der Liebe, die unter den wohlwollenden Augen ihrer zustimmenden Begleiter über ihr schönes Gesicht fließen!

(2016)

Krieg und Frieden

Krieg

menschliche Bewegung
Neid, Missgunst, Angst, Rache, Ausgleich
Irreführungen
Mauern und Schutzwälle bauen
Festungen gegen den vermeintlichen Feind
Angriff, Aufrüstung und Kriegsgeschäft

Krieg

menschliche Bewegung nach innen und außen
Machtmissbrauch und Verrat
Gewalt und Zerstörung
Missachtung menschlicher Verantwortung
lang andauernde Verletzung

warum?

Frieden

menschliche Sehnsucht
nach Sicherheit, Begegnung, Vertrauen und Unterstützung

warum nicht?

Frieden

menschliche Bewegung
Offenheit, Mut zum Gespräch,
Zuhören und Verstehen
Verantwortung tragen

friedvolle Zukunft
ist möglich.

(2016)

Ja und Nein

„Mensch, verstehe endlich! Es gibt kein JA ohne NEIN!“, hört man die Stimme des Verstehens im Menschen. „Das zustimmende JA lässt los, das ablehnende NEIN hält Altes fest! Das JA bewegt in Neues, das NEIN bremst Zukünftiges! Beides gehört immer untrennbar zusammen. Ein ewiges Hin und Her im Menschen. Ein Pro und Kontra im neuronalen Netzwerk des menschlichen Gehirns. Dieses Wechselspiel ist das Leben. Wie die Wellen des ewig währenden Meeres kommen und gehen sie, Ebbe und Flut. Stillstand ist das Ende, der Tod!
Andere Stimmen melden sich aus dem Inneren: „Aber, aber, aber.... wenn ....wenn ....hätte .... hätte...“
Verschiedene Stimmen im Menschen machen sich oft so nebeneinander bemerkbar, spürbar und hörbar! In jedem Menschen existieren sie, in Dir, in mir, in uns. Ein Leben lang! Wie soll der Mensch in seiner Begrenztheit diese Widersprüche und Gegensätze zusammenbringen, sie miteinander versöhnlich stimmen? Zu oft sind wir Menschen innerlich und miteinander wie Feuer und Wasser, Himmel und Hölle, oben und unten, extrem polarisiert. Wir stehen uns selbst und dem anderen im Weg! Solange das so ist, gibt es Spannung, Schmerz, Enttäuschung, Zerstörung, Abschiede, Verluste, unerfüllte Hoffnungen, Sehnsucht nach Neuem.
.

STILLE

Wer bist Du, Stille?“, fragt der Mensch. „Kann ich Dich erfassen und verstehen? Was kannst Du mich lehren? Sprich doch zu mir!“

STILLE

„Ich bin nie allein!“, tönt es leise aus der STILLE. „In mir sind das Verstehen, das Mitgefühl, die Liebe und die Akzeptanz! Wir sind einverstanden mit allem, was im Hier und Jetzt kommt und geht. Alles hat seinen Platz und Sinn, auch das Gegensätzliche. Hier findet Bewegung und Leben statt. Ein Kommen und Gehen, wie das

Leben und der Tod! Ein Geschenk des Himmels, das wir jederzeit annehmen können und dürfen!“

Bei diesen Worten senkt der Mensch still und demütig den Kopf. Er spürt STILLE in sich, eine Leere, die gefüllt ist. In seinem tiefen Inneren dankt er mit einem uneingeschränkten JA der großen Kraft, die alles umschließt und auch ihn in Händen hält.

(2016)

Engel

Engel -
gibt es nicht!

Engel -
nicht sichtbar, daher nicht existent!

Wofür sollen sie gut sein?

Engel
in Verbindung mit Menschen.

Engel
Teil der menschlichen Geschichte und Biographie.

Engel
Spiegel der Seele und der inneren Stimmen.

Engelverbindungen
stärken, sichern, ergänzen, offenbaren.

Engel sind immer da
und bleiben.

(2016)

Die Seele auf der Suche nach ihrer ganzen Gestalt

Es war einmal eine Seele - so wie es viele andere auf der Erde gibt. Sie lebte im Körper eines weiblichen Wesens. Sie war nichts Besonderes. Sie wusste, dass sie zu diesem Mädchen und ihrem Körper gehören würde, solange dieses kleine Mädchen sich auf der Erde bewegte. Sie wusste aber, dass sie - wie alle Seelen - einmalig war, so wie sie war.
Der Körper des Mädchens wuchs und entwickelte sich den menschlichen Entwicklungsgesetzen gemäß: aus dem Baby wurde ein Kleinkind, das zunächst ein Kindergarten-, dann ein Schulkind wurde. In der Pubertät wurde aus dem Kind langsam eine erwachsene Frau, die sich einem Beruf zuwandte und eine eigene Familie gründete. Die Seele begleitete die Frau, wo immer sie sich befand, wo auch immer ihre inneren und äußeren Bewegungen und Anforderungen sie hinführten. Bei allem spürte die Seele ein Gefühl von Unvollkommenheit, so als fehle ihr etwas. In solchen Momenten und Phasen sendete die Seele der Frau mal leise und mal laute Signale, oftmals wurden diese jedoch nicht wahrgenommen oder verstanden. Die Seele nutzte dann den Körper mit seinen Ausdrucksmöglichkeiten: die Frau erlebte an dieser Stelle Schmerzen an unterschiedlichen Stellen des Körpers, Druck, Schwindel, Bewegungseinschränkungen, Konzentrationsschwäche und Leistungseinbußen. Sie war dann oft irritiert, ratlos und auf der Suche nach Antworten auf ihre ungelösten Fragen. Die Seele verlor jedoch nie die Hoffnung und ihren Optimismus, dass die Frau irgendwann verstehen würde, dass sie für die Seele noch einiges zu tun hatte. Die Seele wusste genau: ohne die Aktivität der Frau konnte sie selbst ihre ganze Gestalt nicht finden. Ihre tiefe Sehnsucht, ihr tiefer Glaube an Veränderung und ihr Mut, sich immer wieder zu melden, ließen sie nicht aufgeben. Sie kannte aus frühen Entwicklungsphasen sehr wohl die kindliche Ohnmacht und Hilflosigkeit, Abhängigkeit, die Scham, die Verlassenheit, die Angst, die Vermeidung und den Rückzug. In der Entwicklung hatte die Frau viele kindliche Teile ihrer Seele angeschaut und neue erwachsene hinzugefügt: da war das erwachsene Selbstvertrauen, die Verant-

wortung für sich selbst, das Wissen um viele Zusammenhänge, die Neugierde, der Ehrgeiz, der Mut zur Abgrenzung, zum Abschied und Loslassen.

“Was fehlt mir nur zu meiner ganzen Gestalt?“, fragte sich die Seele oft ratlos und war dann sehr traurig. Die Frau spürte die Traurigkeit ihrer Seele und gab ihr in Tränen Ausdruck. Viel später erkannte die Frau, dass sie in ihrem Leben viel an andere gedacht, viel über andere nachgedacht und vielen geholfen hatte. In dieser Arbeit für andere zeigte sie sich aktiv und engagiert, verständnisvoll, voll Mitgefühl und Hilfsbereitschaft. Sie spürte jedes Mal neu die Liebe zu Menschen, denen sie immer ein Stück auf deren Lebensweg zur Seite stand. Oft blieb sie danach wieder allein mit sich selbst. Sie begann zu begreifen, dass ein wichtiger Teil, den sie anderen half, für sich selber zu finden, auch ihr selber fehlte. Sie dachte an ein biblisches Wort, das sie aus Kindertagen kannte und das ihr nicht mehr aus dem Kopf ging. Im fortgeschrittenen Alter betonte sie es jetzt anders als in Kindertagen gelernt: „Liebe den NÄCHSTEN **wie** Dich SELBST“**.** Da lag der Schlüssel für die immerwährende Frage der Seele: die Liebe für sich selbst und die Achtung vor sich selbst und dem eigenen Lebenswerk fehlte zu ihrer vollständigen Gestalt. Die Frau begann langsam und zaghaft Schritte auf diese Eigenliebe zuzugehen und spürte weniger Traurigkeit und Alleinsein: sie kam mehr und mehr bei **sich** an.

Die Seele der inzwischen älteren Frau war voller Freude, Stolz und Dankbarkeit und fühlte sich zunehmend ganz!

(2012)

Heilung

Die Verletzungen des Alltags,
die Lügen der Vergangenheit,
die Gefühle der Einsamkeit,
die Wunden unechter Glückseligkeit...
sie alle brauchen Heilung.

Ich frage mich oft,
wie kommt die Heilung zu mir?
Woran merke ich,
dass mich eine Sendung Heilung erreicht?

Kommt sie palettenweise,
oder kommt sie im Paket
mit der Aufschrift
„Vorsicht Heilung,
leicht zerbrechlich"?

Welche Worte wählt sie?
Leise Worte, laute Worte,
traurige Worte, zornige Worte,
versöhnliche Worte?

Kommt sie alleine....oder mit der Hoffnung?
Bringt sie den Lichtblick mit,
und hat sie vielleicht sogar die Zuversicht
mit im Gepäck.....?

Die Heilung hat viele Gesichter,
viele Worte und Gefühle
aus welcher Richtung wird sie kommen?

MEINE Heilung?

(Ka-ru 2011-2016)

Endlich frei

Ein schöner Vogel lebte in einem goldenen Käfig. Er gehörte einem Menschen, der ihn für viel Geld gekauft hatte und unbändig stolz auf seinen Vogel war: war er doch einzigartig und unterschied sich von vielen Vögeln, die in anderen Häusern lebten. Er sorgte gut für sein Tier, erwartete aber jeden Morgen ein fröhliches Morgenlied, das ihm den Tag versüßte. „Was würde ich ohne dich tun!", sagte der Mensch dann laut. Den Vogel erfüllte das jedes Mal mit Stolz. Er war zufrieden, wurde er doch ausreichend mit Futter und Wasser versorgt. „Was will ich mehr?", dachte er oft.
Im Laufe der Zeit spürte er häufiger ein Gefühl in sich, das er zunächst versuchte zu ignorieren. Es war eine Mischung aus Unruhe und Traurigkeit. Dieses Gefühl kam jedoch immer häufiger und eines Tages konnte er es nicht mehr wegschieben. „Was will mir dieses Gefühl sagen? Ich verstehe das nicht? Ich habe hier alles, was ich brauche. Mein Mensch liebt mich und sorgt gut für mich. Ich bin wahrscheinlich undankbar!", dachte er. Manchmal, wenn der Mensch das Haus verließ, zur Arbeit ging oder sich mit Freunden traf, spürte er das Gefühl sehr stark und begriff, dass es ein wichtiger Wegweiser für ihn und seine Zukunft war. Er schaute dann aus dem Fenster, an dem sein Käfig stand. Die Sonne schien und er sah andere Vögel hoch in der Luft, mal allein oder im Schwarm. „Wie gern wäre ich auch mal da oben in der freien Luft!", durchfuhr es ihn. „Wie das wohl ist? Ich kenne das gar nicht?" Je öfter er diese Gedanken hatte, um so trauriger wurde er.
Er hatte morgens keine Lust mehr, für den Menschen zu singen und verstummte langsam. Der Mensch bemerkte die Veränderung seines Vogels und sorgte sich um ihn. „Was ist los mit dir? Bist du krank? Fehlt dir etwas bei mir?", sagte er laut. Der Vogel senkte bei diesen Fragen den Kopf, so als schäme er sich. „Vielleicht ist dir jetzt, wo du erwachsen geworden bist, der Käfig zu klein und du brauchst mehr Raum!", sprach der Mensch leise und öffnete die Tür des Käfigs. Gleichzeitig schloss er Fenster und Zimmertür. Trotz des größeren Raums blieb das Gefühl der Traurigkeit und Unruhe des Vogels. Immer öfter schaute er nach draußen und be-

obachtete sehnsuchtsvoll die anderen Vögel und ihre Flüge in der Luft. „Ich muss hier raus! Auch wenn ich meinem Menschen damit Leid und Kummer bereite!“ Sein Entschluss stand fest und gab ihm eine Kraft, die er vorher noch nie gespürt hatte.
Viele Tage vergingen und er wartete auf den richtigen Moment. Eines Sommertages war es soweit, der Mensch vergaß morgens, das Fenster ganz zu schließen, es blieb einen Spalt breit offen. „Bis heute Abend, lieber Vogel!“, verabschiedete sich der Mensch liebevoll. Als die Tür hinter ihm ins Schloss fiel, flog der Vogel zum Fenster. Die Öffnung war eng und es kostete einige Kraft und auch Schmerz, sich durch den Spalt nach draußen zu zwängen. Es gelang! Er saß zunächst auf dem Fensterbrett und konnte es kaum fassen. Er war draußen! Langsam spürte er in seinem Gefieder den Wind und die mittägliche Sonne wärmte ihn. Eine Stimme flüsterte: „Trau dich, lass dich tragen, ich zeig dir den Weg!“ Es war die Stimme des Windes, der ihn aufforderte, die restliche Angst zu überwinden und endlich in die Freiheit zu fliegen. Andere Stimmen meldeten sich auch: „Das kannst du nicht tun! Du bist undankbar! Du verdankst dem Menschen alles Gute, dein bisheriges sicheres zu Hause! Lass‘ ab von deinem Plan und kehr um!“ Der Wind blies stärker, andere Vögel kamen an ihm vorbeigeflogen. Sie schienen ihn kaum zu bemerken. Aus einem tiefen Impuls seiner Vogelseele heraus gab er sich einen Stoß und überließ sich dem Wind, der ihn trug. „Endlich frei! Wie herrlich!“, sang er. „Ich gehöre jetzt mir allein und fliege in meine noch unbekannte Zukunft.“
So genoss er eine ganze Weile seinen Flug und bestaunte die unter ihm liegende Erde. Er fühlte sich immer sicherer und setzte sich nach einer Zeit auf einen grünen Baum, in dem andere Artgenossen ihre Lieder sangen.

(2016)

Loslassen

Ein kleiner Vogel wuchs im Nest der Eltern mit seinen Geschwistern heran. Er war von Anfang an etwas kleiner als die übrigen. Beim Füttern musste er sich jedes Mal ordentlich anstrengen, um etwas mitzubekommen. Die anderen waren kräftiger und drängten ihn häufig zur Seite. Oft hatte er den Eindruck, dass seine Eltern das bei ihrer anstrengenden Arbeit, alle satt zu bekommen, nicht bemerkten.

Nach und nach wuchsen die Vögel heran und wurden größer. Je mehr die anderen fraßen, um so größer wurde der Abstand zwischen dem kleinen Vogel und seinen Geschwistern. Manchmal saß er einfach in einer Ecke des Nestes, kuschelte sich hungrig in sein Gefieder und träumte von besseren Zeiten. „Irgendwann kann ich fliegen und mich selbst versorgen“, so oder ähnlich wanderten seine Gedanken. Nach und nach verließen seine Geschwister das Nest, niemand schien wirklich zu merken, wie schwer er es hatte, mitzuziehen. Er beobachtete die anderen bei ihren Flugversuchen und beobachtete die Eltern, die sich bemühten, alles richtig zu machen. Er selber verspürte zwar große Sehnsucht, endlich fliegen zu können, aber da war auch Angst, das Nest zu verlassen und auf sich allein gestellt zu sein.

Es wurde leerer und leerer im Nest, er hatte jetzt mehr Platz, jedoch schienen seine Eltern müde und nicht mehr so rege wie zu Beginn. „Sie sind überfordert“, dachte er und manchmal spürte er Mitleid mit ihnen. „Tagein, tagaus fliegen sie und holen Futter, nie Zeit für sich selber!“, dachte er. „Vielleicht sollte ich hier im Nest bleiben und sie unterstützen?“

„Du bist ein Vogel, erwachsene Vögel gehören nicht ins elterliche Nest!“, hörte er eine innere Stimme. „Lass‘ los und flieg!“ Diese Stimme machte ihm Angst. Er kroch vorsichtig auf den Rand des Nestes, spürte den Wind in seinem Gefieder und gleichzeitig beschlich ihn wieder die altbekannte Angst, loszulassen. Er blieb im Nest. So verging einige Zeit.

Eines Tages - seine Eltern kamen von einem Flug zurück - betrachtete er sie, wie sie beieinander saßen und ihr Gefieder putzten. „Sie brauchen mich nicht, sie haben sich selbst!“, dachte er. „Ich brauche sie auch nicht mehr...ich brauche mich selbst!“ Durch diesen Gedanken gestärkt, fasste er sich ein Herz, kletterte wieder mal auf den Rand des Nestes, schaute nicht mehr zurück zu seine Eltern und vertraute sich dem Wind an: Er ließ los und....flog!!

(2016)

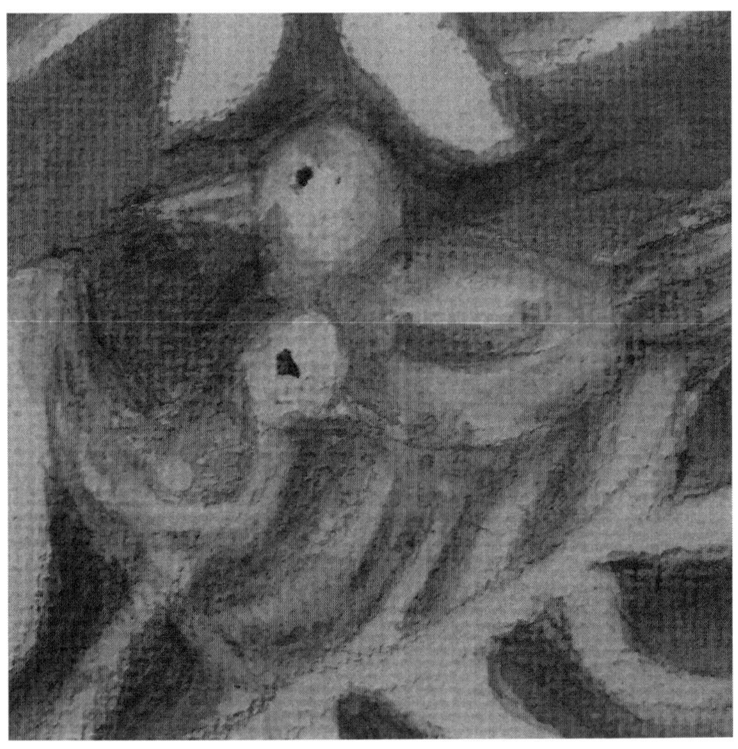

Die kleine Robbe

Irgendwo im großen weiten blauen Meer - ich weiß nicht wo - lagen viele kleine und große Inseln. Vor diesen Inseln gab es zahlreiche Sandbänke.
Auf einer dieser Sandbänke lebte eine kleine Robbe mit ihrer großen Familie. Obwohl sich die Robben alle zum Verwechseln ähnlich sahen, wusste die kleine Robbe genau: sie hatte nur einen Papa und eine Mama. Es gab noch größere Geschwister, die aber schon selber wieder Kinder hatten. Die kleine Robbe genoss das Leben auf der Sandbank und im schönen Wasser und hielt sich immer in der sicheren Nähe von Mama und Papa auf. Sie war noch klein und jeden Tag gab es Neues zu sehen, zu erfahren und zu lernen. Die kleine Robbe beobachtete alles neugierig und wissbegierig.
Eines Tages sah sie zum ersten Mal ein merkwürdiges Schiff auf die Inseln zusteuern. Die Robben beobachteten das Schiff, wie es langsam auf die Sandbank zusteuerte, dann aber auf die nahe gelegene Nachbarinsel Kurs nahm. „Was wollen die nebenan?", fragte die kleine Robbe neugierig. „Das ist ein Schiff zur Rettung von kleinen „Heulern"!", sagte der Papa. "Heuler" - dieses Wort hatte die kleine Robbe noch nie gehört, es klang irgendwie komisch und unheimlich. „Was ist das - ein „Heuler"?", fragte sie. „Ein „Heuler" ist ein kleines verlassenes Robbenkind. Es ist so klein wie du jetzt bist, so jung, dass es noch nicht ohne Mama und Papa auskommen kann", war die Antwort. „Wo sind denn die Eltern des kleinen „Heulers"?", fragte die kleine Robbe weiter. „Vielleicht sind sie krank gewesen und gestorben, vielleicht wollen oder können sie sich nicht kümmern und lassen das Kind allein", antwortete die Mama leise. „Und in solchen Fällen helfen dann die Menschen, die mit diesem Schiff, das du gerade gesehen hast, zur Hilfe kommen. Sie nehmen die kleinen verlassenen „Heuler" mit auf das Schiff und bringen sie an Land in eine Art Rettungsstation. Dort wachsen die kleinen „Heuler" mit Unterstützung der Menschen bis sie erwachsen sind und sich alleine versorgen können. Dann setzen die Menschen sie wieder ins Meer, da wo wir Robben ja zu Hause sind und hingehören.

Während ihre Eltern sprachen, war die kleine Robbe sehr nachdenklich geworden und auch ein bisschen traurig - konnte sie sich doch gut in einen solch kleinen Artgenossen hinein fühlen. „Wie gut, dass es helfende Menschen gibt, die sich um die Verlassenen kümmern, damit sie nicht sterben müssen", dachte sie mitfühlend. "Wie gut, dass ich euch beiden habe und dass ihr bei mir bleibt", sagte sie laut und schaute voll Liebe auf ihre beiden Eltern, die ihr gegenübersaßen.
„Ich habe Glück und das Leben ist schön!", sang die kleine Robbe und watschelte etwas unbeholfen zum Wasser. Sie schaute sich zu den Eltern um, die sie mit ihren Blicken liebevoll begleiteten und rutschte dann ins schöne, blaue Wasser.

(2010)

Elternschaft

Liebe und Verbindung
Schatten und Licht
Vertrauen und Hoffnung
JA zum gemeinsamen Weg
JA zum DU und ICH
gemeinsame Zukunft
und persönliche Entwicklung

JA zum Kind
genetisch-biologische Dispositionen
persönliche Grenzen und Möglichkeiten
gemeinsames Wachsen
Familie

festgeschriebene Rollen
Eltern geben ohne Anspruch
Kinder nehmen ohne Ausgleich
beide Seiten lieben

Verpflichtung, Unterstützung, Geschenke
Konfliktbereitschaft und Offenheit
Bindung und Freiheit
Dank und Freude auf beiden Seiten

gesunde Elternschaft
Versicherung für weitere gesunde Generationen

(2017)

Zu Hause

das ist Wohlgefühl, Liebe und Sicherheit
da, wo man verwurzelt ist

zu Hause -

das ist Fallenlassen und Ruhe finden
frei von Maske und Anspruch

zu Hause -

das ist Kraft und Energiequelle
Kontakt zur inneren Stimme

zu Hause -

auch wenn man sich entfernt,
bleibt es sicherer Ort

zu Hause -

ganz bei denen, die man liebt
und zu denen man immer gehört

zu Hause -

ganz bei Dir selbst

zu Hause -

geborgen in einer großen Kraft,
die alles umschließt und trägt

(2005)

Glück

Der kleine Stern hört aufmerksam und konzentriert zu, wie sich die Großen mal wieder über Wichtiges unterhalten.
„Glück kennen die Menschen nicht mehr!“, hört er einen großen leuchtenden Stern sagen. „Was weißt du denn vom Glück! Gib nicht so an!“, tönt die Stimme eines anderen.
„Es muss Glück geben, da bin ich ganz sicher! Nur wie Glück entsteht, warum es bleibt oder warum es geht? Das weiß ich nicht!“, hört er eine dritte Stimme. „Hört, hört, unser Philosoph!“, spöttelt der zweite Stern abfällig.
„Glück!“, denkt der kleine Stern. „Darüber habe ich noch nie wirklich nachgedacht! Ich weiß nur, dass ich glücklich bin! Es fühlt sich gut an, einfach da zu sein, hier am Himmelszelt bei all den anderen, zu denen ich gehöre. Ich habe hier meinen festen Platz und wünsche mir keinen anderen. Ich bin zufrieden mit dem, was ich bin und wo ich bin! Hier bin ich zu Hause. Auch wenn ich klein bin, bin ich doch einzigartig und wertvoll. Ich bin so einzigartig wie jeder andere hier. Und ich habe eine Aufgabe, die mich wichtig sein lässt: Ich leuchte - einfach nur so. Das genügt!“

(UST 2016)

Die Himmelspforte

Ein Mensch klopft oben an der Himmelspforte an. Petrus - der Türwächter - öffnet und schaut verwundert. „Was möchtest du bitte hier oben?“, fragt er. „Ich begehre Einlass, mein Leben ist gelebt und ich möchte mich jetzt hier oben zur Ruhe setzen wie alle anderen!“, antwortet der Mensch. „Wie lange hast du dein Leben gelebt?“, fragt Petrus weiter. „59 Jahre...also fast 60 Jahre lang. Das ist eine lange Zeit und mir lang genug. Ich empfinde das Leben zunehmend beschwerlich, viele Aufgaben fallen mir inzwischen schwerer als früher! Viele an mich gestellte Ansprüche kann ich kaum noch erfüllen. Von daher - lass mich bitte herein!“ - „So einfach geht das hier nicht!“, antwortet Petrus und dem Menschen ist es, als sehe er ein leises Schmunzeln über das bärtige Gesicht huschen. „Das Leben ist eine Aufgabe, hat mit Lernen und Wachsen, Arbeit und Mühen zu tun, aber auch mit Lebensfreude und Lebenslust. Den Platz hier oben muss man sich redlich verdienen!“ - „Ich habe immer gearbeitet, viel gelernt, war den Menschen in meiner Umgebung zu Diensten und gehorsam!“, antwortet der Mensch etwas unruhig. „Das ist richtig!“, antwortet Petrus wohlwollend, „Ich beobachte dich schon dein Leben lang!“ - „Dann lass mich endlich herein!“, drängelt der Mensch mit inzwischen leicht ärgerlicher Stimme. „Warum lässt du mich hier warten?“ - „Du musst zurück auf die Erde! Dort hast du noch mindestens zwanzig Jahre zu leben!“, antwortet Petrus bestimmend. „Bis heute hast du nicht wirklich dein Leben gelebt, sondern eher das Leben anderer, besonders das deiner Mutter. Der Dienst am Nächsten ist nur die eine Seite der Medaille, die andere Seite betrifft dein eigenes Leben, die Entdeckung und Entwicklung deiner eigenen Persönlichkeit. Du hast ab heute zwanzig weitere Jahre für dich selbst, deine Lebensfreude, deine Neugier auf Neues, deine Lebenslust. Genieße all das und verdiene dir so den Eintritt hier oben! Viel Glück! Wir sehen uns dann zur gegebenen Zeit wieder!“ Mit diesen Worten lässt Petrus die große Himmelspforte mit einem lauten Knall in das schwere Schloss fallen.

(2017)

Regenbogen

Regenbogen

Sonne - Regen
Licht - Schatten
Freude - Leid
Anfang - Ende
Spannung - Erlösung

Regenbogen

Naturphänomen

Regenbogen

Symbol für die Menschen
Verbindung von Himmel und Erde
Verbindung zwischen Mensch und Gott

Regenbogen

Symbol des Friedens und
der Versöhnung.

(2015)

Ankommen

Ungefragt rein ins Leben
unbewusstes JA

Vorgezeichnete, fremdbestimmte Wege
scheinbar unabänderliche Bedingungen
Begrenzungen

Wahlmöglichkeiten
Widerstände
Ambivalenzen
Fortschritte und Rückschritte

Ankommen

Bleibende Hoffnung, Motivation, Antrieb
Neugier auf Neues

Abschiede und Trennungen
bewusstes JA zu jedem Schritt

Ankommen

Kündigung von Aufträgen und Loyalitäten

Ankommen
bei Dir selbst

(2016)

Märchen von einer Prinzessin, die erwachsen wird

Märchen sind und bleiben Märchen, es sind Geschichten, die viel aussagen möchten, aber oft nicht verstanden werden ; wo jeder, der sie liest, sich das aussuchen kann, was er wünscht, das sie ausdrücken. Und er kann das weglassen, was er sich nicht wünscht, das sie für ihn aussagen. Und wie alle Märchen beginnen, so beginnt auch dieses:

„ES WAR EINMAL"

Es waren einmal ein König und eine Königin, die lebten in einem schönen, großen Schloss mit vielen Räumen innen und außen. Sie herrschten über ein großes Königreich und waren sehr wichtig als König und Königin. Sie hatten viele Posten, viele Pflichten zu erfüllen und manchmal geschah es, dass sie vor lauter Pflichten nicht dazu kamen, sich selber im Spiegel anzuschauen und zu erkennen, dass unter ihren Rollen als König und Königin die Menschen sind mit ihren eigenen Fragen, Ängsten, Schwierigkeiten und Wünschen nach Nähe. Und dass ein König auch ein Mann und eine Königin auch eine Frau ist. Sie hatten sich ja in ihren Rollen als König und Königin gefunden und wurden auch in diesen Rollen gebraucht und geliebt. Mit der Zeit passierte es dann aber doch immer häufiger, dass sich Schwierigkeiten zwischen Mann und Frau und Mensch und Mensch in den Vordergrund drängten, Fragen im Raum standen, auf die sie sich vorher niemals Antworten gegeben hatten. Es hätte gefährlich werden können für König und Königin und damit für das ganze Königreich. Genau zu diesem Zeitpunkt wurde ihnen ein kleines Mädchen geschenkt. Das Prinzesschen bekam den Namen Ursula, später auch oft einfach „Ulla" genannt. Die kleine Prinzessin wurde bald zum Mittelpunkt für das ganze Schloss. Hier gab es viel Prunk und Ablenkung für die kleine Ursula und sie fühlte sich wichtig vor allem für König und Königin. Und so war es auch.... Wenn der König sich einsam fühlte, ging er still an die goldene Wiege der kleinen Prinzessin, guckte sie an und berührte sie ganz liebevoll und fühlte, dass etwas in ihm warm

und wach wurde, was er oft als König neben seiner Königin zu vergessen schien. Er ging dann leise aus dem Zimmer und niemand erfuhr je, was sich dort abgespielt hatte. So ähnlich ging es der Königin: wenn sie ihre kleine Ursula ansah, hatte sie das Gefühl, etwas durch diese kleine Tochter zu bekommen, was sie vorher nie bekommen hatte: Wärme, etwas Fließendes, Kraft, Lebendigkeit.
Eines Tages wurde dem kleinen Prinzesschen eine große goldene Kugel geschenkt, die leicht in die Luft zu werfen war, aber schwer aufzufangen und festzuhalten war. Aber sie war das Zeichen, dass sie eine Prinzessin war, dass sie viel in der Hand hielt. Und sie zeigte, dass es wichtig war, mal rechts und mal links etwas festzuhalten und dann wieder loszulassen, sodass alle glücklich und zufrieden sein konnten.
Und so wuchs die kleine Prinzessin auf und wusste es nicht anders, als dass alle sie brauchten und sie bewunderten. Sie hatte ihre Rolle, dafür zu sorgen, wenn sie glücklich war, auch die anderen glücklich zu machen. Und so lebte diese Königsfamilie glücklich und zufrieden.
Die kleine Prinzessin wuchs und wurde älter, denn auch Prinzessinnen bleiben nicht klein und sie begann zu suchen, was für andere Frauen im Schloss waren und zu fragen, was außerhalb des Schlosses in der Welt da draußen sein mochte, wie es da Männern, Frauen und Kindern ging. Sie kannte ja nur ihre Welt und hatte da nicht viel zu tun. Sie warf oft ihre goldene Kugel in die Luft und wünschte sich, dass ein Prinz kommen solle, denn sie wusste schon, dass zu einer Königin ein König gehört und zu einer Prinzessin ein Prinz. Sie hatte konkrete Vorstellungen von diesem Prinzen, für den sie Prinzessin bleiben konnte, für den sie auch so wichtig sein konnte, der sie bewunderte und liebte. Aber es begann so vieles anders zu werden, als sie es sich erhofft und erwünscht hatte. Es kamen nicht diese Prinzen und da war auch der Vater König, der ihr immer wieder deutlich machte, dass er doch der Prinz sei. Dann - so dachte die Prinzessin - muss das wohl so sein, dass in Königsfamilien die Väter auch die Prinzen sind! Und sie merkte auch, wenn ihre Mutter sie ansah, dass da irgendetwas war, was nicht nur Liebe und Anerkennung hieß! So gab es immer mehr Rät-

sel für die kleine Ursula und sie dachte öfter: „Vielleicht hilft mir hier im Schloss niemand, diese Rätsel zu lösen. Ich muss sehen, herauszukommen und draußen eine Antwort zu suchen!“ Abends setzte sie sich oft an den alten Schlossbrunnen und rief in den tiefen Brunnenschacht hinein: „Brunnen, Brunnen, geht durch dich ein Weg nach draußen in die Welt?“ Aber sie hörte nur den tiefen Klang ihrer eigenen Stimme aus dem Brunnen und verstand die Antwort nicht. Da begann sie, die vielen Treppen zum Schlossturm hochzuklettern, von wo aus sie weit über das Königreich blicken konnte. Da oben flogen Vögel und sie rief: „Vögel, Vögel, könnt ihr mir helfen? Könnt ihr mich auf eure Schwingen nehmen, um herauszukommen. Ich werde wiederkommen, ich werde den König und die Königin nicht alleine lassen!“ Und wie es draußen stürmte, wurden ihre Worte vom Wind verschluckt, die Vögel flogen etwas unruhiger um sie herum, aber sie verstand ihre Sprache nicht. So ging sie die vielen Treppen wieder herunter, nahm ihre goldene Kugel und merkte zum ersten Mal, wie einsam und allein sie in diesem Schloss, wo alle sie brauchten, in Wirklichkeit war. Und sie spürte Traurigkeit und es kamen Tränen in ihre Augen und sie begann zu spüren, wie schwer es war, die goldene Kugel immer festhalten zu müssen. Aber dann kam wieder der Vater König und zeigte ihr etwas Neues und darüber vergaß sie ihre Einsamkeit.

Die Zeit verging und die glücklichen, zufriedenen Phasen im Leben der Prinzessin wurden immer kürzer. Immer häufiger waren da Gefühle von Traurigkeit und Einsamkeit. Die Prinzessin hielt sich für undankbar, dass sie solche Gefühle erlebte.

Eines Tages kam ein Wagen über die Zugbrücke des Schlosses gefahren und die Prinzessin entschloss sich spontan, auf diesen Wagen zu springen und - sei es nur für einen Tag - das Königsschloss zu verlassen. Klopfenden Herzens saß sie in ihrem Versteck und dachte, ob die anderen wohl merken würden, dass sie nicht da war und wann sie es wohl bemerkten?! Und da begann sie zu begreifen, wenn man so wichtig ist für andere, hat man nur begrenzt eigene Freiheiten. Und sie bekam Angst, dass vielleicht ohne sie Leiden und Trauer in das Königsschloss kommen könnten. Sie war gerade dabei, wieder vom Wagen abzuspringen, als sie merkte, dass der Wagen bereits angefahren war und holpernd über die Schlossbrücke in die „Welt da draußen“ fuhr. Sie spürte Angst, aber auch viel Neugier auf das, was sie in der neuen Welt erwarten würde. Dort lernte sie viele neue Menschen kennen, andere Regeln und Gewohnheiten des Lebens. Sie war zunächst ganz verwirrt. Aber weil sie es gelernt hatte, begann sie schnell, auch in der neuen Welt wieder für andere da zu sein, anderen zu helfen, anderen Ratschläge zu geben und dafür von anderen geliebt zu werden. Obwohl sie niemandem verraten hatte, dass sie eigentlich eine Prinzessin war, merkten die anderen, dass von ihr etwas Besonderes ausging, sodass sie ihr viel erzählten, von ihr Hilfe erhofften und auch viel von ihr bekamen: sei es einfach für sie da sein, sei es Herzlichkeit, Aufmerksamkeit, Hilfsbereitschaft. Die Prinzessin merkte, dass sie viele Gaben in ihrem Korb aus dem Schloss mitgenommen hatte, und dass sie nie allein war, weil andere diese Gaben brauchten. Es gab Momente, wo sie das Königsschloss, den König und die Königin vergaß. Sie war auch ohne ihre Rolle als Prinzessin wichtig und anerkannt, wofür sie jedoch viel geben musste, um das zu bekommen.

Die kleine Prinzessin begann langsam zur Frau zu werden und sie merkte, dass da auch Gefahren waren, Frau zu sein. Sie merkte, dass Männer sie gerne ansahen und wie wichtig sie für Männer wurde. Das kannte sie ja vom Vater König, dass Frauen für Männer wichtig sind und Männer von Frauen Hilfe wollen. Und sie merkte, dass wenn Männer sie anfassten, sie auch festgehalten wurde und sie nicht mehr herumtanzen konnte und eingeschränkt wurde in ihrer Beweglichkeit. Und sie begann andere Frauen anzuschauen und meinte, dass alle Frauen sich doch mögen müssten, weil es doch Frauen sind. Sie merkte jedoch, wie verschieden Frauen sind und dass es wenig Frauen gab, die sich so frei bewegen konnten, wie sie es sich wünschte. Ihr begannen Frauen leid zu tun, die sich festhielten oder die festgehalten wurden von Männern und kleinen Kindern. Und da hätte sie so gerne jemanden gefragt, warum das so ist und warum zu Nähe auch Fesseln und Festhalten gehören. An der Stelle dachte sie oft an ihre goldene Kugel, wie schwer sie festzuhalten gewesen war, aber dann dachte sie ganz schnell wieder daran, wie leicht sie sich hochwerfen ließ! Sie wollte von der Schwere nicht viel wissen, sie wollte ihre Beweglichkeit genießen. Nachdem sie viel Erfahrung gemacht hatte, erinnerte sie sich daran, dass ihre eigentliche Rolle „Prinzessin sein“ war und ihre Aufgabe darin bestand, für ihre Eltern und die Königsfamilie da zu sein. Und so machte sie sich auf den Heimweg ins Schloss. Sie fand schnell zurück, denn sie war schön und wichtig und ihr wurde gerne geholfen. Als sie die Schlossbrücke betrat und eintrat in das Schloss, merkte sie schnell, wie alle sie entbehrt hatten, denn ohne sie hatte der König graue Haare bekommen und die Königin hatte einen veränderten Gesichtsausdruck. Sie spürte, wenn König und Königin in einem Raum zusammen saßen, dass da eine Schwere im Raum war, die sie nicht verstand. Und sie erlebte, dass sich das veränderte in dem Moment, wo sie den Raum betrat und die Aufmerksamkeit bei ihr war. So glaubte sie beiden, als sie zu ihr sagten: „Wie schön, dass du zurück bist, denn wir brauchen dich, um zu leben!“ Wer mag das nicht gerne hören!

Und so blieb die Prinzessin als schöne, junge Frau wieder lange Zeit im Königsschloss, weil sie spürte, dass sie geliebt wurde, weil sie gebraucht wurde. Sie hatte auch wieder angefangen, mit ihrer goldenen Kugel zu spielen und erlebte dabei eine große Veränderung: sie konnte die Kugel nicht mehr so leicht hochwerfen wie früher und beim Halten schien sie ihr noch schwerer als vorher. So geschah es auf einem Abendspaziergang an den See des Schlosses, dass sie die goldene Kugel nicht mehr länger tragen wollte, diese ablegte und sich am Ufer des Sees niedersetzte. Der Mond stand am Himmel und das Wasser war wie ein Spiegel. Sie betrachtete ihr Spiegelbild im Wasser. So hatte sie sich noch nie gesehen: was sie sah, war eine hübsche Frau, in deren Augen nicht nur Freude zu sehen war, sondern viel Trauer und Angst. Sie spürte, dass sie sich gerne anschaute, gleichzeitig aber auch Angst bekam, sich intensiver zu betrachten. Und sie fragte den Mond und die Fische im Wasser des Sees: „Wie kommt das, ich habe alles, was ich brauche und trotzdem bin ich traurig und einsam? Ich helfe vielen und kann mir selbst nicht helfen?“ Der Mond schien heller zu leuchten als zuvor, aber sie verstand ihn nicht. Einige Vögel, die über sie hinweg

flogen, schienen für einen Moment still zu stehen, aber sie verstand auch die Sprache der Vögel nicht. Es begann sie zu frösteln und sie sehnte sich nach jemandem, der sie in den Arm nahm, damit sie warm wurde, nach irgendjemandem, an den sie sich lehnen konnte, für den sie nicht stark sein musste, der sie nicht festhielt und Hilfe von ihr wollte. Jemand, der sie nicht nur anschaute, sondern mit dem sie sprechen konnte, dem sie hätte sagen können, wie hilflos sie eigentlich war. Sie spürte Angst und Alleinsein und machte sich langsam auf den Heimweg. Dabei vergaß sie, ihre goldene Kugel mitzunehmen.
Somit begann wieder ein neuer Lebensabschnitt der Prinzessin Ursula. Sie ging in das Königsschloss zurück, wo sie gebraucht wurde und wo sie dachte, dass sie davon nie würde Abschied nehmen können. Aber sie merkte auch, dass sie zu alt geworden war, um mit der goldenen Kugel zu spielen und dass sie anders geworden war, seitdem sie in der „Welt da draußen“ gewesen war. Sie begann sich zu fragen, warum sie einsam war, wo sie doch für ihre Eltern so wichtig war und von anderen so viel bekam. Immer mehr Fragen und immer weniger Antworten! Sie spürte, wie ihr Körper immer schwerer wurde und die Leichtigkeit, die sie als kleine Prinzessin besessen hatte, verschwunden war. Umso dringender wurde der Wunsch, wieder rauszugehen in die „Welt da draußen“. Eines Tages dann ging sie. - Sie sah die Trauer ihrer Eltern und hörte ihre Reden. Sie wusste, auch wenn sie es nicht wörtlich gehört hatte, dass sie zum Zusammenleben von König und Königin ein entscheidender Schlüssel war und dass, wenn sie wegging, damit zu rechnen war, dass es viel Unruhe geben würde, dass es Kriege und Trennungen geben würde und die Welt in diesem Königreich nicht länger friedlich und gut aussehen würde. Und je mehr sie dies alles merkte, desto mehr begann sie zu rennen, sich weiter vom Schloss zu entfernen. Sie begann sich ihre eigene Welt da draußen aufzubauen, aber sie konnte das Königsschloss nicht vergessen. Sie kehrte immer wieder - und sei es nur kurz in Gedanken und Wünschen - in das Schloss zurück. Bei jedem Weggehen merkte sie, dass sich immer mehr veränderte und dass das, was früher war, heute nicht mehr ist! Sie begann viel zu träumen von der

kleinen Prinzessin, von all denen, die sie als Prinzessin gebraucht hatten und sie war traurig, dass das alles vorbei war, andererseits froh, denn sie ahnte, dass sie nicht mehr die Kraft und die Lust gehabt hätte, diese Rolle weiterzutragen. Aber so, wie es in Märchen ist und auch in Wirklichkeit, sie wagte keinen wirklichen Abschied. So tat die kleine Prinzessin, die inzwischen zur erwachsenen Frau geworden war, immer noch ganz viel, was dem ähnlich war, was sie als kleine Prinzessin getan hatte und was bereits bei ihrer Geburt über ihrer Wiege gestanden hatte.
Erst viel später, als sie noch älter geworden war und lange genug in dieser Welt gelebt hatte, begann sie ganz langsam zu ahnen, dass „König sein" eine Rolle ist, wie in einem Theaterstück und das „Prinzessin sein" auch eine Rolle ist auf einer Bühne, wo der Vorhang aufgeht und Leute kommen und gerne zuschauen. Und dass, wenn der Vorhang fällt, jeder in seine Garderobe geht, sich abschminkt, sein Kostüm ablegt und jeder dann einfach Mensch ist. Und dass man dann sehr allein ist, wenn man glaubt, man brauche andere zum Leben um sich herum. So begann die Prinzessin Ulla - die Frau Ursula - sich in der nächsten Lebensphase auf den Weg zu machen, herauszufinden, wer sie unter all den Rollen, unter all den Kostümen wirklich war und ist. Und für diesen Weg brauchte sie nicht mehr zurück ins Königsschloss. Für diesen Weg brauchte sie viel Ruhe, Alleinsein mit sich, sich anschauen, sich anfühlen, um so immer mehr zu erahnen, dass tief in ihr auch eine goldene Kugel ist, von der sie früher nichts geahnt hatte. Diese goldene Kugel war leicht, war beweglich, war voller Energie, war wechselnd und geschmeidig und war ein Glanz, den nicht andere draußen sahen, sondern der ihr selber Wärme und Gefühle der Liebe zu sich selbst gab. Und je mehr sie diese goldene Kugel in sich spürte, desto weniger brauchte sie an das Königsschloss zu denken. Es wurde ihr weniger wichtig, anderen zu helfen, sondern vielmehr bei sich selber zu sein. Und ihr wurde immer deutlicher, welchen Reichtum sie aus der Königszeit aus dem Schloss mit in diese Welt genommen hatte. Dieser letzte Weg, der Weg zu sich selbst, war und ist der längste und die Prinzessin Ursula schreitet diesen Weg weiter: mit vielen Begegnungen, Erfahrungen, Abschieden, Trauer, Angst,

Freude, Lebendigkeit und Neugier und wenn sie nicht stirbt, wird sie diesen Weg weiter gehen, denn wer diesen Weg einmal begonnen hat, kann nicht mehr rückwärtsgehen oder still stehenbleiben. So wird auch Ulla diesen Weg weitergehen, ob sie sich Prinzessin, Frau oder einfach ICH nennt.
.....und wenn sie nicht gestorben ist, so lebt sie noch heute.

*dieses Märchen schenkte mir Dipl.-Psych. Heidi Salm zum Abschied, als ich im Mai 1990 die von ihr supervidierte Ausbildungs-Gruppe zur Familientherapeutin verließ.

Die Perle

Tief in meinem Innern
liegt eine Perle
schillernd, schön und kostbar.

Es braucht einen langen Weg,
Mut und Geduld,
sie so tief auf dem Grund liegend
zu finden.

Und
menschliche Begegnungen und Beziehungen,
in denen ich mich trauen kann,
einen Schimmer dieser Perle
zu zeigen.

(1994)

Neuer Morgen

Tiefe Nacht
Dunkelheit
Trauer und Hilflosigkeit

Depression
Schatten der vergangenen Zeit

Träume
Gespenster der Nacht

Verwirrung

Licht am Horizont
Vogelstimmen
Wellenrauschen

Aufgehende Sonne
Erwachen und Erkennen

Neuer Morgen
Neue ungeahnte Möglichkeiten

Chancen

Glück

(2016)

Die Königskinder

Es lebten einmal zwei Königskinder im Paradies. Dort hatten sie alles, was sie brauchten. Eine sichernde Umgebung und Versorgung mit allem Nötigsten. Das Wichtigste waren sie sich jedoch gegenseitig. Sie fühlten sich nie allein, immer zu zweit, glücklich und zufrieden mit ihrer Existenz. Jeder hatte trotz der Nähe zum anderen seinen eigenen Raum. Sie fühlten sich wie „im Paradies". Eines Tages veränderte sich das paradiesische Gefühl für eines der beiden. Es fühlte bisher nicht bekannte Spannungen und körperliches Unbehagen. „Ich kann hier nicht länger bleiben in diesem Raum, der mir zugewiesen wurde!", dachte es. „Das Paradies ist für mich hier zu Ende." Als dieses Königskind dann eines Tages ging, ohne sich nochmal umzusehen oder sich zu erklären, brach für das andere Kind, das diese Entwicklung nicht bemerkt hatte, eine Welt zusammen. „Wir waren immer zu zweit, wir gehörten doch zusammen! Wie kann das geschehen? Was soll ich tun, ich kann den anderen nicht zum Bleiben bewegen, muss ihn loslassen! Was mach' ich nun hier allein? Ich bin so unendlich traurig und hilflos!" Diese und ähnliche Gedanken des Verlustes, des Alleinseins und auch der hilflosen Wut füllten die Zeit des Zurückgebliebenen im Paradies. Daneben gab es auch zufriedene, glückliche Momente und Freude am eigenen Wachsen.

Eine Zeitspanne später verlässt auch dieses Kind das Paradies und betritt das eigene Leben. Es atmet selbstständig, lernt sich selber zu bewegen, zu sprechen, seine eigenen Wünsche und Bedürfnisse zu entwickeln und auszusprechen. Das Kind - jetzt erwachsen geworden - denkt kaum mehr an die Zeiten zu zweit im Paradies. Es ist viel beschäftigt mit der eigenen Entwicklung und durch vielfältige Aufgaben abgelenkt. Im Laufe dieser Entwicklungszeit spürt es immer häufiger eine zunehmende tiefe Sehnsucht nach jemand neben sich. Mehrere enge Beziehungen beginnen freudig, lustvoll, liebevoll und Zukunft verheißend. Jedes Mal tritt dann jedoch wieder Verlust ein, Schmerz, Hilflosigkeit, Ohnmacht und eine von Mal zu Mal tiefer werdende Traurigkeit und Leere. In einer solchen Trennungs- und Verlustphase erscheint eines Nachts im Traum ein altes

Bild aus ganz fernen - schon fast vergessenen - Tagen. Das andere Kind aus dem damaligen gemeinsamen Paradies erscheint und beginnt zu sprechen: „Es tut mir weh, dich so zu sehen! Ich beobachte dich schon die ganze Zeit deines Lebens auf der Erde und möchte dir jetzt helfen! Damals konnte ich nicht bleiben, ich war nicht so stark wie du! Mich hat die damals aufkommende Spannung im Paradies erschreckt, geschwächt und mich bewogen, das Paradies und damit auch dich zu verlassen! Ich habe nur an mich gedacht und dir sehr weh getan, das weiß ich jetzt! Du hattest Kraft, zu bleiben und warst allein mit deinem Schmerz! Immer wenn jemand dich heute verlässt, bin ich wieder hinter dir und schaue zu, wie sich Altes wiederholt. Ich bin ein Teil des menschlichen Lebens, der dir in anderen, die dich verletzen, wieder begegnet: schon früh hatte ich Angst vor Spannungen und Konflikt, vor fester Bindung. Ich liebe es, leicht und ohne Verpflichtung oder Fessel. Die Auseinandersetzung oder Reibung ist mir fremd. Ich kenne keine Auseinandersetzung in der Krise oder gemeinsame Entwicklung miteinander. Mein Weg ist Flucht und Vermeidung, das unterscheidet uns. Du hast das alles: Mut zur Auseinandersetzung, Kraft, Spannungen auszuhalten und zu bearbeiten und mutig deinen eigenen Weg zu gehen. Dafür bewundere ich dich! Ich sehe jedoch auch dein Leid und einen Teil, der dir fehlt, den ich besitze! Ich bin misstrauisch und vorsichtig, was das Vertrauen in andere angeht. Einen Teil dieses gesunden Misstrauens möchte ich dir schenken. Damit bin und bleibe ich immer gut in deiner Nähe und bin ein guter Schutzengel für dich. Dann war es nicht umsonst, dass ich da war damals. Mit meiner Vorsicht, deiner Kontaktbereitschaft und deinem Mut zum Neubeginn wird das Glück einen Weg zu dir finden. Meinen Segen hast du jedenfalls. Einen Teil unseres Paradieses können wir so erhalten! Du bist und bleibst wie ich ein Königskind!"
Beim Aufwachen spürt das erwachsene Kind neben Tränen und Traurigkeit Leichtigkeit, Lebensfreude, Gottvertrauen und ein tiefes Glücksgefühl für sich und das Leben! Mit Blick auf den neuen Teil in sich spürt es Zuversicht und ein Gefühl von Getragen sein, das lange verloren schien!

(2016)

Zukunft

- auch für mich? -

quälende Fragen
vergangene Erfahrungen
erschaffen ständig sich wiederholende Programme

nicht gelöste Fragezeichen
einschränkende Aufträge vergangener Generationen

Depression

Mut und Chance zur Auflösung
in der Gegenwart
aktueller Schmerz und Not

das Neue drängt

Gottvertrauen
Selbstvertrauen

Segen und gute Wünsche der Ahnen

Wegkreuzung - neue Richtung
Wachstum durch Krise

Neuorientierung - neue Programme
Zukunft und Glück

auch für mich!

(2016)

Warum?

Warum das?
Warum jetzt?
Warum ausgerechnet mir?
Warum so und nicht anders?

Hilflose Fragen
Keine Antworten

Unverständnis
Nicht sehen wollen
Abwehr
Verschieben von Verantwortlichkeiten
Angst vor Veränderung und neuen Wegen
Rückzug und Vermeidung
not-wendiger Schritte

Darum das!
Darum jetzt!
Darum ausgerechnet mir!
Darum so und nicht anders!

Mut
löst Fragen, gibt Antwort
Mut
lässt Neues erkennen
Mut
lässt lösende Schritte gehen

Mut

(2017)

Ein Engel für mich selbst

„Wer hilft mir? Wer liebt mich? Wer tröstet mich und stärkt mich in der Not? Warum quäle ich mich immer mit diesen dunklen Fragen? Fragen...aber keine Antworten! Manchmal denke ich, Gott hat mich einfach vergessen! Soviel Unglück auf einmal für ein Leben... das ist einfach nicht gerecht! Jedenfalls ist das einfach nicht zum Aushalten!" So hört man es täglich aus dem Inneren eines Menschen.....eines Menschen.....vielleicht wie Du und Ich!

Ein Spiegel zeigt ihm jeden Morgen das traurige, manchmal fast hoffnungslose Bild seiner selbst. „Ich mag da nicht mehr hineinschauen, das macht es nur noch schlimmer!", sagt er zum Spiegel. „Nur du selbst kannst dieses Bild, das du siehst, ändern!", antwortet ihm der Spiegel leise, auch etwas zurückhaltend und resignierend...spiegelt er doch immer das Gleiche: Traurigkeit, wenig Hoffnung auf Änderung, Sehnsucht nach Lösung. „Vielleicht sollte ich einfach aufgeben, Grund genug hätte ich! Aber da ist etwas in mir, das mich noch hält! Dieses Etwas spüre ich deutlich, kann es aber nicht wirklich fassen!" - „Ich bin nur dein Spiegel und weiß nur das, was du schon erkennst!", antwortet der treue Spiegel.

Eines Tages beobachtet der Mensch auf einem Spielplatz Kinder. Im Sandkasten sitzt ein Kind etwas abseits von den anderen allein im Sand. Es scheint keine Beachtung zu finden, fühlt sich aber sichtlich wohl. Es spielt versenkt in sich selbst, lässt den Sand durch seine Hände rinnen und lächelt versonnen vor sich hin. Die anderen Kinder scheinen es gar nicht zu bemerken. Lange Zeit beobachtet der Mensch das Kind und es ist ihm, als schaue er jetzt auch in einen Spiegel seiner selbst. Er spürt eine Art liebevolles Gefühl in sich. Beim Herumschauen entdeckt er die Mutter des spielenden Kindes auf einer Bank. Er geht ein paar Schritte auf sie zu und setzt sich neben die Frau auf die Bank. „Ist das Ihr Kind, das da so zufrieden mit sich spielt?", fragt er leise. Die Frau hebt den Blick, legt das Buch, in dem sie gelesen hat zur Seite und antwortet: „Ja! Das ist mein Kind! Ich bin sehr glücklich, dass ich mein kleines Mädchen habe. Sie hat nur knapp überlebt, als sie diese Erde betrat. Sie spricht oft mit sich selbst. Ich weiß dann nicht wirklich, was sie sich erzählt, ich sehe und spüre nur, dass ihr diese Gespräche gut tun! Sie liebt ihr Leben und das tröstet mich, wenn in mir Schuldgefühle, Trauer und andere schlimme Gefühle und Gedanken Schatten auf mich werfen!" - „Wie gelingt Ihrem Kind diese tiefe Zufriedenheit? Das ist beeindruckend!", fragt der Mensch weiter. „Es sind wohl die Gespräche mit sich selbst und etwas, das sie häufiger macht. Schauen Sie, jetzt gerade geschieht es wieder!" Beide schauen jetzt gemeinsam auf das Mädchen im Sandkasten, das lächelnd beide Arme um sich selbst legt und sich wie selbstvergessen hin und her wiegt. Der Mensch ist tief berührt und fragt: „Darf ich Ihr kleines Mädchen mal ansprechen?" - „Natürlich, gern!", antwortet die Frau und greift wieder zu ihrem Buch. Nachdenklich und neugierig nähert sich der Mensch dem spielenden Kind. Das Mädchen blickt auf, immer noch in der Haltung, beide Arme um sich gelegt. „Hallo!", sagt der Mensch „darf ich dich fragen, was du da machst!" - „Mein Engel nimmt mich gerade in den Arm", antwortet das Mädchen dem erstaunten Fremden lächelnd! „Mein Engel ist immer da, wenn ich ihn brauche!" - Es entsteht eine längere Pause, dann fragt das Mädchen: „Hast Du auch einen Engel?"

(2010)

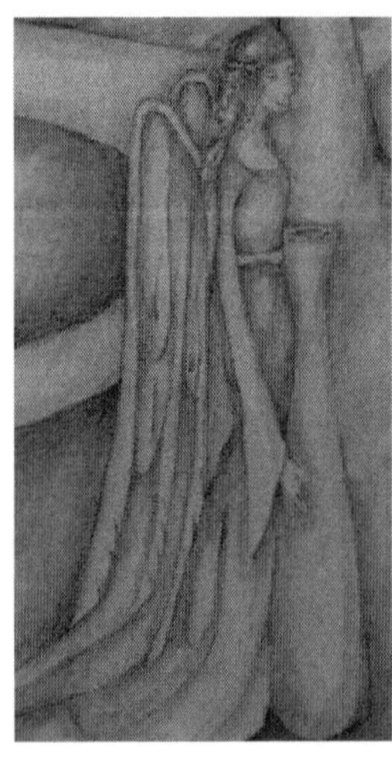

Frei und gebunden

frei

wie der Wind
wie die Wogen des Meeres
wie der Vogel in den Lüften

frei

von alten Lasten
von fremdem Schicksal und Leid
von fremder Schuld
von falsch verstandener Loyalität und Dienst
von „ver-rückten“ Programmen

gebunden

an das JA zum Leben

gebunden

an das eigene Selbst
an eigene Entscheidungen und ihre Folgen
an eigene Aufträge und Bestimmungen

gebunden

an göttliche Führung, die trägt

(2016)

Die Kränkung

„Wer bist du?"
Die Frage ergeht im Inneren eines Menschen an eine gebückte, leicht verknöcherte, alt und buckelig erscheinende Gestalt. Bei der Frage hebt die Gestalt leicht ihren gesenkten Kopf. Traurige dunkle Augen zeigen sich der fragenden Stimme. „Ich bin die Kränkung!", kommt die leise Antwort. „Ich habe dich nicht wirklich wahrgenommen und kenne dich wenig!", sagt interessiert und zugewandt die fragende innere Stimme. „Erzähle mir von dir, ich möchte mehr über dich erfahren. Ich bin jetzt da für dich und höre zu", ermuntert sie mitfühlend die erbarmungswürdige Gestalt. Beide gehen gemeinsam ein Stück Weg und setzen sich nach einer Weile auf eine Bank. „Hier haben wir Ruhe und niemand unterbricht und stört uns!", sagt die innere Stimme ermunternd. „Wer bist du nun, Kränkung? Was zeigst du im Inneren des Menschen? Bist du immer allein unterwegs oder hast du noch Begleiter? Ich bin die innere Stimme des Menschen musst du wissen und in Verbindung mit vielem, was den Menschen in seinem Körper, seinen Gedanken und Gefühlen bewegt. Wunderlicherweise habe ich dich nie wirklich bewusst wahrgenommen." Die Kränkung hebt ihr dunkel erscheinendes Gesicht, Lichtstrahlen fallen auf sie und sie beginnt leise zu reden: „Ich gehöre zum Menschen von seiner Geburt an, ich bin eine seiner vielfältigen Ausdrucksmöglichkeiten. In mir gibt es einen Kern, der Körper und Seele krank machen kann. Daher kommt auch mein Name „Kränkung". Ich weise auf entstandene Verletzungen im Innen und Außen des Menschen hin. Die äußeren Verletzungen erkennt der Mensch oft schneller, zeigen sie sich doch nach Außen, auch für andere sichtbar. Oft zeige ich mich deshalb auch nur auf dieser Ebene, damit ich überhaupt Beachtung finde. Medikamente, Fürsorge und Pflege, Vorsicht und Schonung lassen mich dann mit meinen inneren Helfern Krusten auf den Wunden bilden. Sie verschließen die offene Wunde bis der Körper neue Zellen aufbaut und die Wunde letztendlich verheilt und vernarbt. Auch auf dieser Körperebene gibt es Wundheilungsstörungen. Hier zeige ich mich im Widerstand zu einer zu schnellen oberflächlichen

Heilung. Ich verlangsame den Prozess, in der Hoffnung, unter der äußeren Verletzung gesehen und entdeckt zu werden. Ich höre von außen oft bagatellisierende Sätze: „Das wird schon wieder! Musst das nicht so ernst nehmen! Anderen geht es genau so! Stell dich nicht so an!“ Diese Sätze treffen mich, sind sie doch ignorierend und abwertend, was mich angeht. Sie helfen jedenfalls nicht wirklich dem der Hilfe benötigt! Noch weniger trifft das alles zu bei der entstandenen inneren Verwundung der Gefühls-und Gedankenwelt des Menschen. Ich sitze dann oft sehr tief in ihm und bin selbst ihm oft lange Zeit nicht bewusst.“
„Woran liegt denn das, du bist doch zu spüren, denke ich mir, oder?“, fragt weiter die innere Stimme, inzwischen ganz betroffen. „Ja, der Mensch spürt mich eigentlich immer sofort im Moment seiner Verletzung von außen oder innen. Während sich der äußerlich sichtbaren Verletzung oft schnell und angemessen angenommen wird, oft auch mit Hilfe professioneller Helfer, werden die inneren Verletzungen lange Zeit weg geschoben, verdrängt und damit lange nicht thematisierbar. Ich stehe dann im Schatten der Aufmerksamkeit des Menschen, er muss in seinem Alltag ja funktionieren, manchmal einer Maschine oder einem Computer gleich! Da störe ich, bin ihm dann sozusagen „ein Dorn im Auge“. Die Augen werden dann „zugemacht“, so spürt er mich weniger. Wenn ich dann einmal so im Schatten stehe, komme ich schwer wieder ins Licht. Im Schatten stehen dann aber oft frühere Kränkungen, sodass ich mich mit diesen Ereignissen verbinde und von Ereignis zu Ereignis Wachstum erfahre. Mit zunehmendem Gewicht bin ich dann nicht mehr leicht zu ignorieren und mache dann krank - oft auch im Außen - und damit meinem Namen alle Ehre!“ Es entsteht eine kleine Pause, in der die Kränkung wie Luft zu holen scheint. Etwas argwöhnisch schaut sie auf die innere Stimme, die ihrerseits geduldig und weiter zugewandt auf weitere Ausführungen der Kränkung wartet. „Ich habe noch weitere Begleiter, meine Liebe!“, fährt die Kränkung fort. „Du fragtest ja schon danach! Diese zeigen sich schneller nach einer erfolgten Verletzung nach außen, als ich es selbst vermag. Da sind die Entrüstung, die Wut, die Rachegedanken und - gefühle und der Angriff. Mit ihrer Hilfe verschaffe ich mir ein starkes Boll-

werk nach außen, helfen kann mir das aber auch nicht wirklich. Ich bin aber dankbar, dass sich überhaupt jemand neben mir meiner annimmt!". Bei den Worten der Kränkung spürt die innere Stimme Tränen in ihren Augen. „Ja, die Tränen sind wichtig!", sagt die Kränkung ebenfalls mit Tränen in ihren dunklen Augen, aus denen jetzt plötzlich kleine Lichtblitze sprühen. „Die Tränen spülen einiges weg, weichen manche Verhärtung, die durch die Verletzung entstanden ist, auf. Sie bahnen dann langsam den Weg dahin, wo ich mich immer weiter auflöse und dann loslassen kann!" Es entsteht eine längere Pause im Gespräch. - „Wir kommen dann!", rufen da plötzlich zwei Stimmen wie aus einem Mund. Es sind die Stimmen der Heilung und der inneren Versöhnung. „Auch wenn es oft ein langer Weg zu uns ist und der Mensch auf diesem Weg oft so verzweifelt ist, dass er aufgeben möchte: wir sind immer da und warten auf dich Kränkung mit all deinen Begleitern. In uns kannst du ankommen und loslassen!" Die Kränkung schaut bei diesen Worten der inneren Stimme tief in ihre liebevollen Augen. „Lass uns gehen und es versuchen!", sagt die innere Stimme und nimmt die noch kalte Hand der Kränkung in ihre warme. „Es ist jetzt Zeit!" Beide stehen miteinander auf und halten sich noch einen Moment schweigend an den Händen. Aufrecht und selbstbestimmt bewegt sich die Kränkung dann mit der inneren Stimme an der rechten Hand auf die Heilung und die innere Versöhnung zu. Die vier schauen sich eine Zeit lange und gesammelt in die Augen, schließen sich dann in die Arme und bilden einen Kreis, der sich langsam aber sicher schließt.

(2017)

Der Weg zur Lösung

„Es muss eine Lösung geben!“ - „Es darf und kann so nicht weitergehen!“ Der Mensch, dem diese Gedanken tagein und tagaus durch den Kopf gehen, ist schon einen weiten Weg auf seinem Lebensweg gegangen. Es begann scheinbar friedlich und leicht, seine Bedürfnisse nach Essen und Trinken wurden gestillt. Er kannte nur diese Wirklichkeit.
Als er dann älter wurde, begann er andere Menschen in ihren Familien zu beobachten. Er entdeckte Unterschiede im Umgang der Menschen miteinander. Fragezeichen, warum diese Unterschiede existierten und was sie bedingte, fanden keine Antworten. Wie selbstverständlich ging er seinen scheinbar vorgezeichneten Weg weiter und wurde langsam erwachsen. Er spürte öfter eine Schwere und Enge in sich, sein Körper entwickelte das ein oder andere Symptom. Ärzte erklärten, dass diese Zeichen seines Körpers „normal“ seien, hätten doch viele Menschen Ähnliches. Er traf die Frau für sein Leben und gründete mit ihr eine Familie. Hier erlebte er Glück und neue Bewegungen. Gleichzeitig blieb ein Teil der bekannten Schwere in ihm. Diese Schwere wurde nach und nach fassbarer für den inzwischen erwachsenen Mann. Verschiedene Gefühle und Gedanken füllten dieses unerklärbare Phänomen, das er seit Kindertagen kannte. Es war eine Mischung aus Druck, Ohnmacht, Angst vor Bewertung und unermesslicher Wut. Jedes Mal, wenn diese Schwere mit ihren verschiedenen Gesichtern hochkam, versuchte er sie wegzuschieben, lenkte sich ab und vergaß sie scheinbar wieder. Im noch Älter werden ließ sich die Schwere nicht mehr leicht wegschieben, sie setzte sich fest und blieb länger als früher. Er entwickelte Krankheiten, die ärztlicher Behandlung bedurften. „Es muss doch eine Lösung geben, ich muss das endlich los werden?“, dachte er eines Tages verzweifelt. Er entschied sich, einen Spaziergang zu machen und über sich nachzudenken. An einer Wegkreuzung stand eine Bank. Er setzte sich. Die Sonne schien, ein leichter Wind ging, es war ganz still, nur ein Vogel sang leise im Baum. Er entspannte sich und atmete die gute frische Luft. Plötzlich spürt er eine fast federleichte Bewegung auf seiner rech-

ten Schulter. Erschrocken dreht er den Kopf und blickt in ein Paar grüne Augen. Ein engelsgleich anmutendes Wesen steht hinter ihm und blickt ihn liebevoll und direkt an. „Wer bist du und was willst du von mir?“, fragt er das Wesen. „Ich will nichts von dir! Vielmehr bin ich gekommen, dir zu helfen und dir einen Weg zu zeigen,“ antwortet ihm die Gestalt mit leiser, aber bestimmter Stimme. „Es ist an der Zeit für dich, das Alte loszulassen! Es gibt in der Vergangenheit nichts mehr zu tun für dich! Lass alles, was nicht wirklich deins ist bei denen, zu denen es gehört! Nimm nur dein nacktes Leben, es ist ein Geschenk der Eltern und ein Geschenk Gottes an dich. Die Schwere ist nicht wirklich deine, sondern gehört denen, denen du versucht hast zu helfen. Es ist ein sinnloses Projekt und zieht dich und deine dich liebende Familie immer wieder Richtung Abgrund. Lass‘ los! Du bist frei und zu Hause bei dir und deiner Familie, die du mit deiner Frau selber geschaffen hast. Da ist dein Platz und schon lange dein zu Hause.“ Die Worte der Gestalt berühren ihn tief und er beginnt zu weinen. „Weine ruhig, es ist gut, dem endlich Raum zu geben. Ich verstehe dich, es ist schwer loszulassen, wenn man kindlich liebt, aber im Loslassen liegt der einzige Weg zur Lösung! Nur Mut! Du bist erwachsen und brauchst die Schwere und die, zu denen sie gehört, nicht mehr.“
Langsam kommt er zur Ruhe, spürt die Sonnenstrahlen auf seiner Haut, nimmt mehrere tiefe Atemzüge. Seine Lungen füllen sich mit frischem Sauerstoff und verwundert nimmt er wahr, dass er allein ist. Die Gestalt ist verschwunden. Nur der leichte Wind ist geblieben. „Ein Geschenk des Himmels!“, durchfährt es ihn und er macht sich leichtfüßig und befreit auf den Heimweg.

(2016)

Das SELBST im Schatten

Ich bin das SELBST! Ich gehöre nur mir! Ich bin nur ICH! Ich bin anders als andere, ich bin in MIR und bei MIR, aber....Wer bin ich denn? Ich weiß es nicht! Ich spüre mich wenig, kann mich nicht sehen und durchschauen. Ich stehe im Schatten, habe kein Licht! Warum ist das so? Ich kenne es nicht anders und bin dran gewöhnt. Als ich diese Erde betrat, war da helles Licht! Ich erinnere mich jetzt! Ich hörte Stimmen: „Da kommt es! Da ist es endlich!" Also war ich ganz früh im Licht des Erkennens, des Entdeckt-Werdens, des Willkommen-Seins! Alles war neu und ich war neugierig, zu entdecken, zu erforschen und zu begreifen. Ich konzentrierte mich immer mehr auf meine mich umgebenden Bedingungen, die Temperatur, das Licht und den Schatten, die Menschen, die Atmosphäre um mich herum. Ich lernte, die anderen wahrzunehmen, sie zu beobachten, ihre Stimmungen und ihr Verhalten zu interpretieren. Und ohne es zu bemerken begann ich langsam immer mehr in ihren Schatten einzutreten. Warum tat ich das? Nie dachte ich wirklich ernsthaft darüber nach! Irgendwann spürte ich mich selbst immer weniger und wenn ich mich spürte war ich Teil des Anderen. Das war eigentlich immer ein schönes Gefühl, ich war geborgen, nicht allein, sicher in der Gemeinschaft, sicher beim Anderen wie damals vor Eintritt in mein eigenes Leben. Aber ich war nie wirklich dauerhaft glücklich und zufrieden. Ich spürte zunehmend unangenehme Gefühle, Blockaden und Bremsen entwickelten sich, ich traute mich oft nicht, meine Gedanken und Überzeugungen offen zu vertreten und nach außen zu bringen. Ich passte mich immer weiter an. So war ich sicher, ich war ein Teil des Anderen der Gemeinschaft, der Umgebung.

Ich fiel nicht auf, fiel nicht aus meiner Rolle, lief so mit, war zunehmend nur ein Teil eines Ganzen, andere bestimmten zunehmend meine Richtung. Ich war still und wurde immer stiller, sogar meine inneren Stimmen verstummten mehr und mehr. Mein Herz und mein Kopf bekamen Druck, meine Stimme versagte, mein Sprachfluss kam ins Stocken, mir fehlten oft die Worte, meine Gedanken waren konfus und unsortiert....aber sie blieben! Wie gut! Sie waren und

blieben immer meine ganz eigenen Gedanken. Sie retteten mein SELBST, das dabei war, sich zu verflüchtigen, sich im Schatten der anderen aufzulösen. Ich wurde älter, ging brav meinen Lebensweg, wurde geschätzt und akzeptiert. Ich war bequem für andere, anpassungsfähig, formbar, dienlich und in meiner Einsatzbereitschaft nützlich für andere.
Irgendwann kam das NEIN!! Wie einen Vulkan spürte ich diese abgrenzende Bewegung in mir. Schreck, Zorn, Angst stellten sich ein. Was tun? Weglaufen und Ignorieren ging nicht mehr. Mein SELBST wollte aus dem Schatten heraus ins Licht!
Der Weg - der neue - dauert! Ich gehe ihn jetzt mutig, mit Verlusten, Enttäuschungen, Unsicherheiten, Abschieden und Neubeginn. Mein SELBST taucht langsam aus dem Schatten wieder ins Licht. Gott gewollt und beglückend, für mich selbst!

(2017)

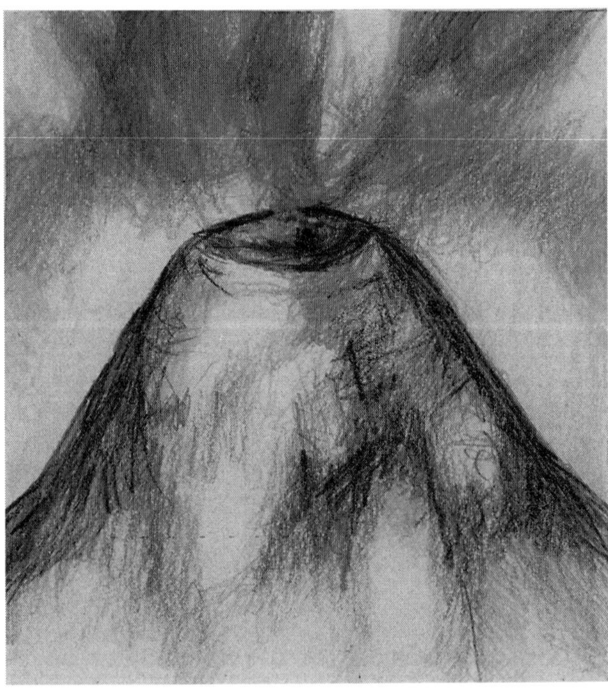

Abschied

lieber Schatten

ich will nicht mehr
so still und nichts-sagend sein

aufgeschlossen, offen und lebendig

nicht mehr ruhig und blass

ein Gegenüber mit Ecken und Kanten

von alten Vorbildern und Fesseln
befreit

ich lerne
wie ich mich dem Gegenüber zeige
und mich mit ihm auseinandersetze

präsent sein,
sich spüren
mit immer weniger Angst

lieber Schatten der Angst und der Bequemlichkeit
ich lass dich los

das Licht nehme ich mit

(Achim 2017)

Endlich Leben

Geburt - ein halbes Leben

ich werde nicht gesehen
ich darf nicht ICH sein
ich verdränge mich
und
lebe im Außen neben MIR her
ich kämpfe, verausgabe mich

die Grenzen verschwimmen,
die Wahrheit wird verdreht

ich suche nach deiner Hand
ich bin bereit, mein Leben anderen zu geben

Wendezeit - ich lebe noch

ich sehe mich, darf ich ICH sein?
es zeigt sich größte Not und Trauer,
ein ewiges Ringen und Streben

die Grenzen werden klar,
die Wahrheit offenbart sich

du wirst mir Deine Hand nie mehr geben
ich bin nicht mehr bereit,
mein Leben anderen zu geben

Ein weiteres halbes Leben

ich sehe MICH
ich darf ICH sein
ich gebe MIR die Hand
ich möchte mein Leben mit MIR GANZ erleben

(Sabine 2015)

Die Erkenntnis

„Wie lange braucht es noch, bis man uns mit unseren Botschaften wirklich versteht? Hier unten ist es so dunkel und kalt! Unsere Signale werden nicht als Hilferufe verstanden, sondern immer weg geschoben, ignoriert oder falsch gedeutet. Sie haben keine wirkliche Chance. Sie erzeugen im Menschen, zu dem auch wir gehören, Unsicherheit und Angst, führen zur Vermeidung, die wiederum die Angst füttert. Ärzte, Therapeuten und andere Gesundheitsexperten beschäftigen sich auf unterschiedlichen Wegen mit unseren Signalen. Unsere Zeichen sind für die Experten aber scheinbar oft ein „Buch mit 7 Siegeln. Sie haben sichtlich Schwierigkeiten, es zu entschlüsseln. Nur der Mensch, zu dem wir gehören, hat diesen Schlüssel, weiß es aber oft selber nicht! Wir sind und bleiben ungeliebt und werden bekämpft, belacht und missachtet!“ Die Stimmen hinterlassen im Dunkeln ein leises Stöhnen. „So ist das mit der Psyche und ihren tiefen unbewussten Kellergewölben, die verwinkelt und oft ganz ohne Licht sind! “, meldet sich eine hell klingende Stimme. „Ich bin die Erkenntnis und brauche Zeit zum Wachsen, Chancen und glückliche Umstände. Nur so kann ich Helfer finden, die mich im Menschen entstehen lassen. Ich bin nie allein, die Hoffnung und Zuversicht sind an meiner Seite und schließlich vertraue ich auf euch da unten, die ihr nicht untätig seid als Wegweiser von innen nach außen. Der Körper des Menschen ist so vielfällig in seinen Möglichkeiten des Ausdrucks! Hoffen, warten, weitergehen, nicht aufgeben…das alles ist sinnvoll. Wenn ihr weiter Signale sendet und eure Botschafterrolle für die Seele ernst nehmt und nicht aufgebt, wird nichts umsonst sein. Da draußen wird es Helfer des Menschen geben, die sich mit euren Botschaften auskennen und mit ihm gemeinsam den Weg zum Schlüssel des versiegelten Buches finden. Ich schenke euch mein Mitgefühl und meine Anerkennung für eure schwere Arbeit und verneige mich achtungsvoll vor euch!“ Bei der tiefen Verneigung der Erkenntnis und ihren anerkennenden Worten fällt ein kleiner Lichtstrahl in das tiefe Dunkel des Kellergewölbes. Es entsteht eine lange Pause, tiefes ruhiges Schweigen breitet sich aus. „Wir bleiben!“, kommt es leise von unten.

(2016)

Die Kraft der Imagination

„Es ist schlimm, es wird nicht besser. So vieles habe ich versucht, es gibt keinen anderen Weg!“, so hört man die Realität sagen. „Ich, als Realität sehe die Dinge, wie sie wirklich sind, wenn auch durch die subjektiven Augen und Gedanken eines einzelnen oder vieler Menschen! Ich, die Realität bin fassbar, sichtbar, messbar, einfach da! Ich kann sie einfach nicht mehr hören: die Reden vom positiven Denken, der Kraft der Gedanken und der Wünsche. Alles weise Sprüche von scheinbar Wissenden, alles reine Theorie, Wunschvorstellungen, mehr nicht! Ich weiß, was ich weiß: es ist schlimm, es wird nicht besser, eher schlimmer! Keine Änderung in Sicht, basta! Das bin ich nun mal - die Realität!“ - „Du bist zu pessimistisch und kurzsichtig. Es gibt nicht nur das, was ist! Nicht das Hier-und-Jetzt der Realität ist das Wichtigste für die Veränderung und neuen Wege! Es ist die Kraft der Bilder, in der die Lösung und die neuen verborgenen Wege liegen!“ - „Was redest du da! Ich denke, alle sprechen davon, im „Hier und Jetzt“ leben zu wollen, die Menschen machen das oft zu ihrem höchsten Ziel! Und nun kommst du daher mit deinem Bilder - Kram. Dummes Geschwätz! Irrglaube! Wer bist du überhaupt, noch nie von dir gehört?!“ - „Darf ich mich vorstellen: ich bin die Imagination, eine große Kraft im Menschen. In Kindern bin ich oft noch stark spürbar und hörbar, darf mich zeigen, werde aber auch oft verlacht und nicht wirklich ernst genommen, wenn Kinder ihre Bilder nach außen tragen. Im Laufe des Lebens verliert der erwachsen werdende Mensch den Kontakt zu mir. Dabei sind es die Vorstellungen, Wünsche, Sehnsüchte und die positiven Erfahrungen in guten vergangenen Zeiten, die die Menschen auch in schweren Zeiten zu tragen vermögen. Du Realität, hast immer ein potentielles NEIN. Meine Bilderwelt kennt kein NEIN! Positive stärkende Bilder sind nicht klein zu bekommen. Sie bleiben, ziehen sich nicht zurück, halten jedem Sturm stand. Selbst wenn sie in Krisenzeiten des Menschen schwächer zu werden drohen, können sie jederzeit wieder aktiviert werden. Es sind Bilder der Zukunft und Bilder vergangener guter Zeiten, guter Erfahrungen, erfolgreichen Verhaltens des betroffenen Menschen! Schätze, die ihm nie verloren gehen. Der Mensch muss sie nur zu bergen wissen, um sie dann dauerhaft für sich nutzbar zu machen!“, schließt die Imagination ihre lange Rede. Eine lange Pause entsteht, in der die Realität wie ungläubig und doch fasziniert auf die Imagination schaut. „Und du bist ganz sicher, dass auch mir das helfen könnte?“, fragt die inzwischen weniger hochmütige Realität. „Du musst es versuchen, es selber erfahren, nur die Erfahrung zählt! Dann geht jeden Tag neu die Sonne auf und nicht unter!“, versichert die sanft lächelnde Imagination.

(2017)

Kindliche Magie

Kindergedanken
Kindergefühle

Bilder voller Phantasie und Kreativität

Glaube an das Gute
Glaube an Phantasiewesen und Zauberei

Gottvertrauen

offen für alles
unbegrenzte Möglichkeiten

kindliche Lösung ohne Begrenzungen
um der Liebe willen
zu Mensch, Tier und Natur

Kindliche Magie
kann Berge versetzen

(2016)

Träume

Unsere Träume
helfen uns manchmal,
sich langsam

- wie durch dichten Nebel -

der oft harten Realität zu nähern,
um sie langsam und schonend
endgültig zu begreifen.

(2004)

Die endlose Suche

Die kindliche Sehnsucht ist unterwegs. Ihr einziger Begleiter ist die erwachsene Vernunft, auch RATIO genannt. Still und schweigend wandern sie nebeneinander her auf dem Lebensweg eines Menschen, zu dem sie beide gehören. Sie haben sich wenig zu sagen, sie kennen sich nicht wirklich. Sie laufen nebeneinander her, wie nicht verbunden, jeder für sich. Beide sind jedoch wie durch unsichtbare Fäden miteinander vernetzt.
„Ich sehne mich so nach einem mir sehr früh schon bekannten Zustand. Ich fühle es noch deutlich, alles war so stimmig in mir, ich fühlte mich ganz! Ich hänge an diesen sehnsüchtigen Gefühlen und Bildern und komme da nicht los!", so murmelt leise vor sich hin die kindliche Sehnsucht. „Das ist schlichtweg kindisch und absolut unrealistisch!", antwortet trocken und hart die erwachsene Vernunft. Sie würdigt bei diesen Worten die kindliche Sehnsucht mit keinem Blick. „Wir gehören eindeutig zu einem erwachsenen Menschen, da führt kein Weg dran vorbei! Du störst den Menschen auf seinem Lebensweg mit deinem ewigen Sehnsuchtsgeschwafel! Und mir gehst du zunehmend auf die Nerven!" - „Warum bin ich dann überhaupt da?", erwidert die Sehnsucht und verlangsamt deutlich ihren Schritt. „Ich sehne mich nach Liebe und Geborgenheit, nach Fürsorge und dem Gefühl der Zugehörigkeit. Ich weiß, dass das alles früher einmal da war. Dieses Gefühl des Sehnens darf doch nicht einfach sterben!" - „Genau, richtig!", es sind mehrere Stimmen, die im Hintergrund zustimmend ertönen. „Ich bin auch in deinen dunkelsten Momenten immer an deiner Seite! Ich bin die Hoffnung und sterbe bekanntlich zuletzt!" - „Das tut uns gut!" Zwei schmächtige kleine Gestalten tauchen hinter der Hoffnung auf. Sie halten sich an den Händen und gleichen sich wie Zwillinge. Die dunkel gekleideten Gestalten sprechen aus einem Mund: „Die kindliche Traurigkeit, Verlassenheit und der kindliche Schmerz sind nicht beliebt beim Menschen, wir ziehen uns in den Hintergrund zurück, sind oft nicht zu sehen und doch da!" - „Meine Güte! Ich muss euch jetzt ernsthaft die Augen öffnen! Wie oft müsst ihr alles noch erle-

ben, fühlen und wiederholen, bevor ihr erkennt: ihr seid erwachsen und kein Kind mehr! Lasst doch den alten Kram los und in Ruhe! So wird das nie was mit einem glücklichen Leben!“ Die sich so einschaltende Ent-täuschung stellt sich aufrecht und leicht wütend neben die Vernunft. Eine dritte Gestalt gesellt sich zu ihnen: „Ich bin auch erwachsen und arbeite, was das Zeug hält. Hier erlebe ich meinen erwachsenen Wert und möchte nicht in meinem festen Konzept gestört werden. Haltet den Mund und zieht euch zurück. Immer dieses kindliche Gejammere!“ - „Na, na! Nicht so vernichtende Töne hier! In unserem Menschen gehören wir alle zusammen, wir bilden eine Mannschaft, wir dürfen niemanden ausschließen, abwerten, vergessen oder gar verstoßen. Der kindliche Schmerz mit seiner Trauer und seiner Verlassenheit ist wichtig, er war lange vor uns da und er weiß nicht, dass wir erwachsene Anteile da sind! Vielleicht stellen wir uns ihm jetzt mal nacheinander vor. Ich bin der Mut, ich habe keine Angst vor neuen Wegen, Aufbruch und Veränderung. Die Sehnsucht hält wichtige Bilder aufrecht, die dem Menschen eine Brücke bilden zwischen seiner Vergangenheit und seiner Zukunft. Er soll nie vergessen, dass er Gott gewollt diese Erde betreten hat und zu diesem Geschenk des Lebens ganz früh schon sein JA gesagt hat. Er war offen und zuversichtlich, ich war schon an seiner Seite, als er seine ersten eigenen Atemzüge tat. Die schmerzlichen Erlebnisse danach hatte er nicht zu verantworten, sie haben weh getan, geschwächt, entwertet, geängstigt und die Entwicklung gehemmt oder gar verhindert. Es ist an der Zeit, dass wir uns alle diesem kindlichen Schmerz an der Seite der Sehnsucht zuwenden und ihn ansehen.“ Bei den Worten des Mutes tritt die Sehnsucht einen Schritt zur Seite, in ihrem Rücken erscheint ein fast durchsichtiges Wesen mit großen offenen Kinderaugen. Es steht da mit verschränkten Armen und schaut verunsichert und fragend auf die übrigen Anwesenden. „Hab keine Angst!“, spricht der Mut weiter „du bist wie wir alle nie allein unterwegs, wir erwachsenen Anteile sind immer da: die erwachsene Vernunft und der erwachsene Selbstwert - darf ich vorstellen! Das ist aus dir Kind gewachsen und geworden. Und hier die Ent-täuschung, ein wichtiger Teil im Menschen, der hilft Fehlentscheidungen und falsche

Wege zu enttarnen. Und dann hier neben mir: die Konfrontation, unersetzlich, sichert sie doch oft den neuen Weg.... Ohne die Konfrontation mit sich selbst und der Beziehung zur Welt könnte Neues nicht entstehen und wachsen. Die Angst und die Vermeidung an meiner anderen Seite sind auch immer mit im Boot des Lebens, sie versuchen oft, sich breit zu machen. Manchmal schützen sie dich zur rechten Zeit, damit du nicht erneut Schläge und Verletzungen erleiden musst. Oft sind sie aber bremsend und wenig nützlich und müssen lernen, Platz zu machen für mich und die Konfrontation." Eine leise Melodie im Hintergrund ertönt, die Sehnsucht tritt hervor und legt dem kindlichen Schmerz liebevoll den Arm um seine immer noch leicht zitternden Schultern. Alle anderen schauen still und gebannt auf die beiden. Die Vernunft hat mitfühlend Tränen in ihren klaren Augen, auch die Ent-täuschung weint leise. „Bleib in unserer Mitte! Bei uns bist du sicher!", ermuntert der Mut den Schmerz. „Du hast mich an diesen sicheren Ort immer erinnert!", wendet er sich anerkennend an die Sehnsucht, die strahlt. Nach einer tiefen Verneigung aller vor dem kindlichen Schmerz sagt dieser gerührt und deutlich entspannter: „Ich danke euch für eure Achtung und euer Mitgefühl. Jetzt bin ich in einem sicheren zu Hause, hier darf ich sein und bleiben. Ich muss nur da sein, sonst nichts!" Die leise sanfte Melodie hüllt die große Gruppe ein und ein heller leuchtender Stern erscheint über dem Weg, auf dem alle weiter gemeinsam unterwegs sind.

(2017)

Die Narbe

entsteht durch Wunden
Wunden durch Verletzungen
Verletzungen durch Angriffe von innen und außen

die Wunde ist offen, empfindlich und gefährdet
sie bildet Schutz und Abwehr nach außen und innen
die Narbe entsteht
sie wird so Teil der Wunde, gehört dauerhaft zu ihr

die Narbe ist manchmal zu hart und unflexibel
sie versteht nicht wirklich
dann ist sie mehr als Schutz
sie produziert unnötige Abwehr und Härte
sie bedroht damit Gesundes

Wunde und Narbe gehören untrennbar zusammen
alte Verletzungen und neuer Schutz
Heilung

Mensch!
akzeptiere deine Wunden und die zugehörigen Narben
sie bleiben und erinnern
lerne aus ihnen
gewähre ihnen Mitgefühl und einen Platz
dann sind sie wohlwollend und nicht störend

die Narbe
Teil deines Lebens

(2017)

Das Geschenk

„Es ist, wie es ist!“, sagt die bekannte Stimme. „Es bleibt, wie es war!“, sagt die andere. „Wir sind uns da einig, glaube uns! Da ist nichts zu machen! Es ist unmöglich! Du musst dich endlich damit abfinden, stimme zu, auch wenn es schwer fällt.“ Beide Stimmen sind dem Menschen, zu dem sie gehören, bekannt. Täglich, manchmal stündlich hört er sie in seinem Inneren. Sie sind wie prasselnder Regen auf ein Vordach. Er weiß, sie haben Recht die Stimmen. In der gesamten Familie scheint sich Unglück „eingenistet“ zu haben. „Warum sollte das bei dir aufhören? Womit hättest ausgerechnet du das verdient?“, so wieder die erste Stimme. „Es muss doch Hoffnung geben, ein Licht in der Nacht, ein Stern, der aus dem Dunkeln herausführt!“, denkt er. Da! Eine neue Stimme... von weit her. Hat er sich geirrt? Nein, er hört sie jetzt deutlich und klar: „Du kennst mich nicht, du wartest schon lange auf mich. Du wirst belohnt, weil du bis jetzt nicht aufgegeben hast. Geduld wird irgendwann belohnt!“ Er kann es kaum glauben, dass es jetzt tatsächlich einen Weg aus dem jahrelangen Chaos, Leid, Druck und Ohnmacht geben soll. Sie ist wie ein Geschenk diese neue Stimme! „Von wo kommst du und wem gehörst du?“, fragt er, immer noch erstaunt und ungläubig. „Na, ich gehöre zu dir, lange gibt es mich schon, schön, dass du mich jetzt endlich wahrgenommen hast! Ich habe ein Geschenk für dich dabei!“ - „Ein Geschenk?“, fragt der Mensch. „Was kann eine innere Stimme schon schenken?“ - „Ich schenke dir Selbst-Mitgefühl und Anerkennung deiner selbst und deines bisherigen nicht leichten Lebensweges!“, antwortet ihm die Stimme wohlwollend und anerkennend.

(2016)

Die Wahrheit

Wahrheit gibt es?!
Wahrheit sind Tatsachen und Fakten
Wahrheit geschieht, ist Realität
Wahrheit ist objektiv und subjektiv zugleich
Wahrheit ist existent und wird empfunden

Wahrheit begleitet den Menschen ein Leben lang
bis zum Tod und darüber hinaus
Auseinandersetzung mit der Wahrheit ist menschliche Aufgabe

Sich der Wahrheit und Disharmonie stellen
in scheinbarer Harmonie
bei schweren Krankheiten und Diagnosen
bei Beziehungskonflikten
bei Schuld und Versagen
bei Bequemlichkeit und Rückzug aus der Verantwortung

wahr ist wahr!

Wahrheit fordert dich
Wahrheit stiftet oft tiefe innere Unruhe
Wahrheit ist echt und authentisch
Wahrheit ist mutig und offen
Wahrheit ist treu und voll Verantwortung
Wahrheit ist Licht und Erleuchtung

Wahrheit ist demnach leicht?
Ja und Nein zugleich!

Gegenspieler der Wahrheit sind Falschheit und Lüge

Lüge ist Vermeidung und Verstecken
Lüge ist Schuldverschiebung und
leichtfertige Entschuldigung

Lüge ist Verrat
Lüge ist Schatten und Dunkelheit

du entscheidest mit freiem Willen
in jedem Moment deines Lebens
wo du stehst:

im Licht der Wahrheit
oder??

(2017)

Die Schuld

Hier spricht die Schuld....Ihr wundert euch sicher, dass die Schuld spricht! Ja, ich kann sprechen und mich erklären, auch wenn ich meist im Schatten des Menschen lebe und wirke. Ich habe verschiedene Gesichter, bin unterschiedlich gewichtig, gehöre aber immer zu einem einzelnen Menschen. Dann bin ich die ganz persönliche Schuld. Es gibt mich auch im Kollektiv, dann betreffe ich als kollektive Schuld ein Familiensystem, ganze Gruppen, Völker sogar. Ich bin viel unterwegs, immer auf der Suche nach einer klaren Zugehörigkeit. Manchen Menschen gelingt es, ihre Schuld oder Verantwortung zu erkennen, sie zu nehmen und zu tragen. Dann habe ich einen sicheren Ort für mich gefunden. Meine Aufgabe ist dann erfüllt: ich werde gefühlt, gesehen, verstanden und integriert. Es folgen dann Konsequenzen aus dem jeweils Geschehenen. Es wird nicht zwangsläufig alles gut! Die Harmonie ist nicht mein bester Freund. Begleiter an meiner Seite sind die Klarheit, die Wahrheitsliebe und die Verantwortung Sie stehen mir treu zur Seite. In diesen Fällen stehe ich im Licht der Wahrnehmung, Erkenntnis und Anerkennung. In anderen Fällen - und das sind leider die meisten! - will der Mensch mich nicht sehen, schiebt mich weg. Er stellt die Angst, die Feigheit, das Nicht - Wissen - Wollen, das Verdrängen und leichtfertiges Vergessen in meine Nähe, die mich umringen und mich einengen. Diese Begleiter halten mich im Dunkel, ich kann dann oft nicht mehr sehen, zu wem ich gehöre. Die Dunkelheit umschließt mich dauerhaft, nur manchmal reißt der dunkle Vorhang auf, dann träumt der Mensch und ich darf mich kurz zeigen. Es hilft jedoch nicht, mich wirklich zu erkennen. Im Dunkeln interessieren nur das Verstecken, das Wegschieben. Erkenntnis, Wahrheitsliebe und klare Sicht sind gefährlich und müssen bekämpft werden.
So bleibe ich oft lange Zeit ein Wanderer im System des betroffenen Menschen: Ich suche meinen Platz, ich brauche meinen Platz, also stehe ich oft an einem Platz, wo ich nicht wirklich hin gehöre. Der Mensch spricht von Abschieben der Verantwortung, nicht Anerkennen der Schuld, verschobener Schuld, Verleugnung und Verrat. Eigentlich möchte ich dem jeweils Betroffenen helfen, klare und

manchmal notwendige neue Wege zu gehen. Ich möchte helfen, sich selber im Spiegel anschauen zu können. So verhelfe ich sogar manchmal zur Erlösung, Befreiung und Neubeginn.
Bedauerlich und traurig, dass der Mensch mich - wenn ich schon da bin - nicht für gute neue Bewegungen nutzen kann. Ich bin allerdings hartnäckig, verbissen und bleibe im Dunkeln...auch wenn ich damit scheinbar nicht da bin.

(2018)

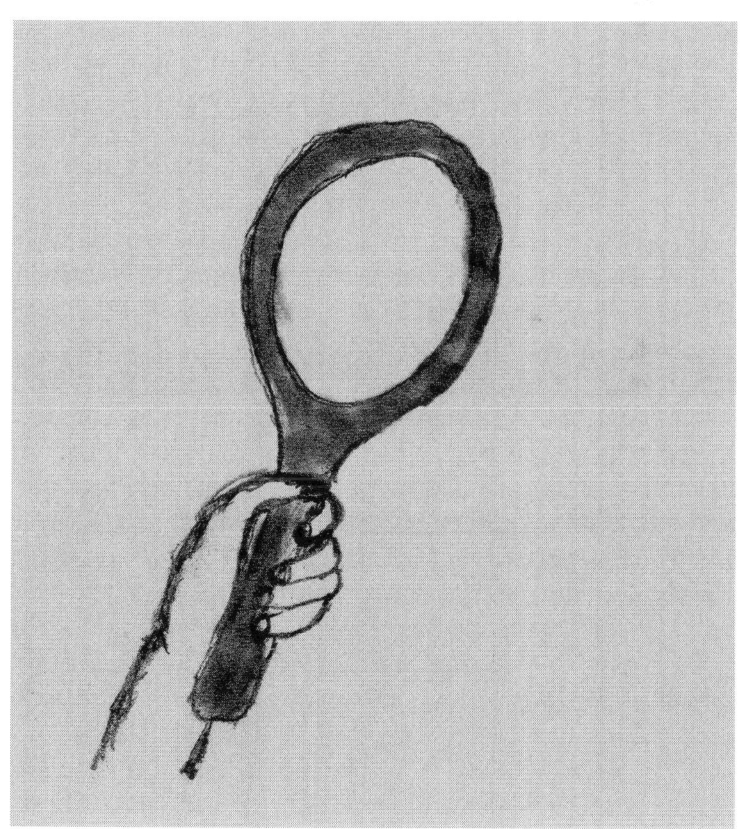

Das offene Herz

„Lass alles, was dich quält, ein Weg zum offenen Herzen sein!" Eine seltsame Botschaft. Das Herz und dann ein offenes?
Ich kenne ein liebendes und vor Aufregung klopfendes Herz, ein schmerzendes Herz, ein ängstliches „Herzchen", ein starkes Herz; ein trauriges Herz, aber ein offenes Herz? Eine Operation am offenen Herzen ist bekannt, sie ist gefährlich, früher lebensgefährlich, heute vielleicht Routine in entsprechend fachärztlichen Händen. Das kranke Herz wird bei einer solchen Operation „repariert", bekommt neue „Leitbahnen" für das den lebenswichtigen Sauerstoff transportierende Blut. Ohne Herz kann kein Mensch leben, versorgt es doch unermüdlich Tag für Tag die anderen Organe des Körpers mit Sauerstoff. Ist das Herz mehr als diese physiologische Funktion? Das Herz steht als zentrale Schaltstelle mit allen anderen Organen in Verbindung, ist eine Art Taktgeber im Menschen. Ist das Herz nur für diesen organischen, physiologischen Dienst notwendig? Was bedeuten in diesem Zusammenhang geflügelte Worte wie: „der Mensch bewegt etwas tief in seinem Herzen", „das Herz rutscht vor Angst in die Hose", „das Herz stolpert" oder „schlägt bis zum Hals", „von Herzen gern haben", „ein Herz aus Stein" und weitere. Das Herz vermag demnach eine innere Botschaft des Menschen nach außen zu bringen. Stimmungen und Gefühle des Menschen scheinen sich über das Herz auszudrücken. Das „kalte" Herz symbolisiert emotionale Kälte, wenig Verständnis für andere, fehlendes Mitgefühl und Empathie. Obwohl auch das „kalte" Herz gut durchblutet und lebendig ist, scheint sein Besitzer wenig Wärme in sich zu haben. Gemeint ist hier deutlich nicht die Physiologie, sondern die emotionale, seelische Verfassung des Menschen. Der Kaltherzige kennt kein Erbarmen, lässt sich nicht erweichen oder umstimmen, zeigt wenig menschliche Regungen - zeigt sich wie ein Stein. Was lehrt uns dann das offene Herz? Wohin weist es und wozu? Das offene Herz ist offen nach innen und außen, es empfängt ohne Grenze und Schloss Botschaften und Impulse aus dem Inneren des Menschen und gibt offen Botschaften nach außen in die Welt. Es ist im Kontakt freundlich, zugewandt, ehrlich, für-

sorglich, wahrheitsliebend, verständnisvoll, hat Platz für Fremdes, ist manchmal schutzlos und leicht verletzlich. Es hat Platz für alles Neue, für Gutes und Böses. Es zeigt Mut und Engagement, macht sich nicht eng und hat jeder Zeit Platz für das, was den Menschen quält und schmerzt. Der biblische Satz: „Liebe den Nächsten wie dich selbst“ verkörpert vielleicht etwas von diesem offenen Herzen. Die Liebe zum anderen, zum Gegenüber braucht die Ergänzung der Liebe zu sich selbst.
Das offene Herz: eine mögliche Haltung für jeden Menschen! Auch für dich! Im offenen Herzen zeigt sich deine liebende Seele!

(2017)

Wenn Kinder in die Psychotherapie kommen...

Der grüne Vogel und der gelbe Elefant

Der kleine grüne Vogel ist unglücklich. „Warum bin ich so anders als die anderen Vögel?“, fragt er sich öfter. „Ich bin kleiner als andere, habe Angst vor vielem und fühle mich nicht verstanden! Und dann bin ich noch grün! Immer falle ich auf, manchmal verstecke ich mich, manchmal flattere ich unruhig herum und nerve meine Familie. Ein grüner Vogel wie ich - das geht gar nicht! Vielleicht sollte ich einfach weggehen?!“ Mit diesen traurigen Gedanken macht sich der kleine Vogel auf den Weg. Er war noch nie ohne Papa und Mama unterwegs. Nach einer ganzen Weile wird er müde. Er setzt sich auf den Ast eines großen Baumes und schläft ein. Er bemerkt nicht, wie es Nacht wird. Als die Sonne am nächsten Morgen aufgeht, sieht er unter dem Baum einen gelben Elefanten, der freundlich zu ihm hinaufschaut. „Was machst du auf dem Baum, Kleiner?“, fragt der Elefant. „Kann ich dir helfen?“ Solche Worte hat der kleine Vogel lange nicht gehört! Da will ihm jemand helfen! Und der Elefant sieht freundlich aus. „Ich bin traurig und allein!“, sagt der kleine Vogel leise. „Komm‘ erst einmal herunter, ich kann da oben ja nicht hinauf. Dafür bin ich zu groß. Du bist klein, leicht und kannst fliegen, das ist eine gute Fähigkeit! Erzähl‘ mir, was dich bedrückt und warum du so allein unterwegs bist. Vielleicht kann ich dir helfen, während wir zusammen weitergehen!“ - „Ich bin so klein und du so groß, das wird schwer!“, sagt der Vogel nachdenklich. „Nichts ist unmöglich!“, antwortet der Elefant. „Setz‘ dich doch auf meinen Rücken, ich trage dich gern ein Stück!“ Und so setzt sich der kleine Vogel auf den breiten Rücken des Elefanten, der langsam losgeht. Der Vogel beginnt zu erzählen...er erzählt vom Streit mit den Freunden, von seiner Familie, die oft nicht so zufrieden mit ihm ist, er erzählt von seiner Wut und seinem Gefühl, anders zu sein als die anderen. Der Elefant hört zu, manchmal sagt er etwas, gibt dem Vogel kleine Antworten auf seine so großen Fragen. Unterwegs machen sie eine Pause, essen und trinken etwas und genießen die Sonne. „Weißt du, die Sonne ist ganz wichtig im

Leben“, sagt der Elefant, „sie lässt alles wachsen und gibt Wärme und Licht! Du wirst bemerkt haben, ich bin auch nicht wie andere Elefanten grau, sondern gelb. Ich freue mich an meiner Farbe, erinnert sie mich doch immer an die Sonne.“ - „Ach so!“, sagt der kleine Vogel. „Du meinst es ist nicht schlimm, anders als andere zu sein? Und das meine grüne Farbe auch ok ist?“ - „Ja, manchmal ist das nicht leicht, aber so wie du bist, bist du ok, weil du **DU** bist!“ Die beiden setzen ihren Weg fort. „Es ist so, als hätte ich einen großen Freund gefunden!“, denkt der kleine Vogel. „Ich fühle mich nicht mehr so allein und weniger traurig. „Ich fliege schon mal allein ein Stück voraus!“, ruft er. „Ja tu‘ das! Ich folge Dir!“, antwortet der Elefant und denkt bei sich: „Vögel gehören nicht auf den Rücken von Elefanten, sie müssen allein fliegen!“

An der nächsten Wegkreuzung wartet der kleine Vogel. „Es hat richtig Spaß gemacht, allein zu fliegen, und ich habe richtig viel Kraft in mir!“, zwitschert er fröhlich dem Elefanten zu. Das nächste Stück Weg fliegt er neben dem Elefanten her, mal um ihn herum, dann wieder ein Stück voraus. Der kleine grüne Vogel lernt viel auf dem Weg mit seinem großen Freund. Er entdeckt Neues in sich, was ihm Mut macht, ihn ruhiger, zufriedener und glücklicher macht. Er begreift langsam, dass das Wichtigste ist, sich selbst so lieb zu

haben, wie man ist. Er lernt auch, dass es Regeln gibt im Leben, an die er sich halten muss, bis er dann erwachsen ist. Und wie wichtig da die Eltern sind, die ja schon erwachsen sind. Eines Tages verabschieden sich beide voneinander. Der Vogel bedankt sich bei seinem Begleiter. Er findet wie von selbst den Weg nach Hause, wo seine Eltern bereits auf ihn warten.
In manchen Momenten - besonders wenn es ihm mal wieder nicht ganz so gut geht - denkt er zurück an seine aufregende Reise mit seinem großen gelben Freund und Begleiter und dessen Worte.

(2017)

Weihnachten

Weihnachten....das Fest der Liebe, des Schenkens, der Familie, des Beisammenseins....ein uraltes Fest.
Vor vielen Jahren lebte im Wald nahe einem kleinen Dorf eine alte Frau. Sie schaute auf ein erfülltes Leben zurück, mit vielen Begegnungen und Erfahrungen. Sie lebte ganz allein in einem kleinen Häuschen nahe einer Lichtung, wo sich die Sonne immer ihren Weg bahnen konnte.
Die Menschen im Dorf kannten die alte Frau, hatte sie doch früher auch im Dorf gelebt. Niemand wusste viel von ihr, woher sie gekommen war und warum sie das Dorf verlassen hatte.
Die alte Frau liebte den Wald über alles. Er bot ihr die Nähe zur Natur, Ruhe und Frieden. Die Vögel sangen ihre Lieder, andere Waldbewohner meldeten sich mit ihren arttypischen Stimmungen und Bewegungen. Das Kommen und Gehen der Sonne geleiteten die Frau durch ihren Tag. Sie stand morgens früh auf und ging nach einem bescheidenen Frühstück durch den Wald und sammelte das, was der Wald ihr anbot. Oft entdeckte sie Neues, Verwunderliches und Spannendes. Aus Pflanzen und Früchten, die sie gesammelt hatte stellte sie Essbares und heilende Substanzen her. Einiges brauchte sie für sich selbst, um zu überleben. Tagelang, manchmal Wochen begegnete ihr kein Mensch. Ab und zu fragten Wanderer, die sich verirrt hatten, nach dem Weg. Vereinzelt kam sie zur Hilfe, wenn jemand gestürzt war, sich verletzt hatte und verbunden werden musste. Sie legte dann mit ihren heilenden Mitteln einen Wundverband an, gab den Fremden etwas zu trinken, sprach manchmal über dies und das mit ihnen, tröstete und ermutigte. Ganz selten verließ sie den Wald und ging ins Dorf, um ihre Heilmittel auf dem Markt zu verkaufen. Mit dem Erlös erwarb sie notwendige Dinge, die sie nicht selbst herstellen konnte. Das Dorf war längst nicht mehr klein und beschaulich, sondern zu einer Stadt gewachsen mit breiten Straßen, quietschenden Autos, knatternden Motorrädern, hellerleuchteten Schaufenstern und grellen Reklameschildern. Es war laut in der Stadt. Menschen hasteten eilig von Geschäft zu Geschäft, Autofahrer hupten ungeduldig, Eltern zerrten schreiende

Kinder an der Hand hinter sich her. Hunde bellten aggressiv, Menschen beschimpften sich gegenseitig. Die Menschen schauten ihr oft kopfschüttelnd nach, wenn sie mit ihrem gefüllten Korb voller Heilkräuter den Marktplatz betrat. Die alte Frau suchte sich ein verwinkeltes Eckchen, windgeschützt und etwas abseits vom Trubel. Sie war nicht unbekannt. Es gab Menschen, die nach ihr Ausschau hielten, hatte sie ihnen in der Vergangenheit doch schon mit ihrer Medizin und ihrem Rat geholfen. Diese Menschen waren dankbar und freuten sich, wenn sie sie wieder einmal antrafen.
Eines Wintertages - die Sonne stand schon sehr tief am Himmel - betrat sie wieder einmal den Marktplatz. Dieses Mal hörte sie überall Musik. Sie beobachtete Kinder auf einem Karussell. Viele tannengeschmückte Stände und kleine Häuschen bedeckten den Platz. „Weihnachten naht!", dachte sie. Die Tür der alten Dorfkirche - sonst verschlossen - stand auf. Aus dem Kirchenraum hörte man Klänge der Orgel. Vor dem großen Kaufhaus mit Plakaten in den Fenstern „Kaufhaus der Geschenke, „Zeit der tausend Wünsche" saß ein Obdachloser mit seinem Hund, in eine Decke gehüllt. Die Menschen hasteten an ihm vorbei, einige wenige verlangsamten ihren Schritt und warfen eine kleine Münze in seinen vor ihm liegenden Hut. Jedes Mal hob der Mann dann seinen gesenkten Kopf. Ein leises, fast gequältes Lächeln huschte über sein zerfurchtes, wettergegerbtes Gesicht. Menschen mit Paketen beladen, kreuzten die Straße, schauten nicht nach rechts und links. Sie schienen wie im Tunnelblick des Kaufrausches versunken, nur bei sich und ihrem nächsten Ziel. „Die Zeit des Schenkens!", durchfuhr es die alte Frau. „Wen kann ich an Weihnachten beschenken? Irgendwie gehöre ich nicht mehr dazu!" Eine Träne rann über ihre Wange und sie spürte neben der aufkommenden Trauer ein leises Erschrecken über diesen Anflug von Neid und Selbstmitleid. Ein Mann und seine Frau kauften eine Tinktur und wünschten ihr frohe Weihnachten und alles Gute. Leicht versöhnt durch diese kurze Begegnung machte sie sich auf den Heimweg. Langsam und mit beschwerlichem Schritt näherte sie sich dem Wald. Ihre bedrückende Stimmung, die sie nicht loslassen wollte, verstärkte sich. Die Dunkelheit brach herein, die Sonne war untergegangen. In ihrem Häuschen

angekommen, machte sie Feuer im Ofen. Von fern hörte sie die Glocken der Dorfkirche läuten. „Heilig Abend! Und ich bin hier ganz allein mit mir selbst!“ Ein Vogel setzte sich auf ihre Fensterbank und schaute kurz in den gemütlichen, warm werdenden Raum. Es begann leise zu schneien. Fasziniert beobachtete sie die tanzenden Schneeflocken, die immer dichter wurden und die Schneedecke die den Boden zudeckte. Als sie gerade eine Kerze angezündet hatte und drohte, in der traurigen Stimmung zu versinken, klopfte es an der Tür. Sie öffnete. Ein junges Paar stand vor der Tür, leicht schneebedeckt und fröstelnd. „Wir haben uns wohl verlaufen in der Dunkelheit! Gott sei Dank haben wir hier Ihr Licht gesehen!“, hörte sie die junge Frau leise flüstern. „Hätten Sie wohl ein Dach für die Nacht für uns zwei?“,fragte der junge Mann. Die alte Frau schloss die Tür hinter dem unerwarteten Besuch. Eine leise Freude durchfuhr ihr Herz und eine innere Wärme breitete sich in ihr aus. „Heute ist Heilig Abend, an diesem heiligen Abend soll niemand allein sein, frieren und ohne Dach über dem Kopf sein!“, murmelte sie leise. Sie kochte einen heißen Tee, holte frisches Beerenmus und Kekse, die sie selber gebacken hatte. Die halbe Nacht saßen die drei Menschen zusammen, die jungen Leute erzählten ihre Geschichten, auch die alte Frau erzählte von sich. Spät nach Mitternacht bereitete sie beiden ein Lager vor dem noch glimmenden Feuer, das eine Restwärme für die Nacht hielt. Sie selber ging auch zu Bett und löschte die Kerze. Am frühen Weihnachtsmorgen ging die Sonne über dem Wald auf. Sonnenstrahlen kitzelten den Schnee, der wie Kristall glitzerte. Die Tannenbäume rund um das Häuschen wirkten wie geschmückt mit tausend kleinen Kristallkugeln. „Weihnachtsbäume!“, dachten alle drei, als sie die Tür nach draußen öffneten. Die beiden bedankten sich bei der alten Frau: „Wie gut, dass wir sie angetroffen haben, es ist wie ein Weihnachtsgeschenk!“, hörte die alte Frau die beiden sagen. „Jetzt finden wir im Hellen den Weg!“ Die Blicke der alten Frau folgten dem langsam entschwindenden Paar noch eine Weile. Sie spürte eine tiefe Dankbarkeit in sich, so als sei sie auch gerade beschenkt worden. „Das ist Weihnachten: Ich verschenke mich selbst, das, was ich bin und habe!“, dachte sie. „War das nicht auch die ursprüngliche Weihnachtsbotschaft?

Das Kind in der Krippe verschenkt sich an die Menschen und die Menschen öffnen ihre Herzen für das Kind in der Krippe. In diesem Geschenk finden sie zu sich selbst, zu ihrem Innersten, zum Frieden und zur Besinnung auf das Wesentliche. Sie halten inne und werden still. Und ein Stern leuchtet über ihnen und dem Kind.“
Von diesen weihnachtlichen Gedanken erfüllt und beseelt, macht sie sich leise lächelnd auf ihre täglichen Gang in den Wald. Die weihnachtliche Wintersonne begleitet sie und erfüllt ihr Herz.

(2017)

Endstation

Lebensgefahr

Eis
Eiseskälte

Abgrund
Abgrundtief
Abgrundtiefe Angst

Endstation?
Ausweglosigkeit?

Ausweg!

Mut
Kraft
Lebenskraft

Lebensweg
Weg aus dem Aus
Weg aus der Kälte
in die Wärme
des eigenen Lebens

sicherer Boden
Rettung

Lebens-Glück

(2017)

Die Krankheit

Mit mir ist es wie im allseits bekannten Märchen: „Ach wie gut, dass niemand weiß, dass ich.....heiß". In dem Märchen „Rumpelstilzchen" von den Gebrüdern Grimm geht es um ein kleines Männchen, das sich einer „armen" vom Vater „geopferten" Müllerstochter als Retter in tiefster Not anbietet. Es geht um ihr Leben und im weiteren Verlauf um das Leben ihres ersten Kindes, das sie zur eigenen Rettung opfern soll. Die Hilfe des hinterlistigen Männchens erweist sich zunächst vorübergehend, jedoch letztendlich als nicht tragfähige Lösung. Das Männchen trägt ein Geheimnis mit sich, welches es der Frau insgesamt 3 Mal zu lösen aufgibt. Durch langes Suchen, Forschen, nach außen erteilte Aufträge und letztendlich durch den Zufall eines Wissenden gelingt es der Frau, das Geheimnis um die Identität des Männchens zu lösen und damit ihr Leben und das ihres Kindes zu retten. Zunächst ist sie bereit, sich von eigenem Besitz zu trennen, zu opfern, zu bezahlen. Als es jedoch um das eigene Kind geht (die nächste Generation), begibt sie sich aus dem Schatten des Opferns heraus und wird aktiv. Sie löst das Rätsel des fordernden, bösartigen Männchens, erlöst sich damit von alten Bindungen und erlöst damit auch die kommende Generation.

ICH die Krankheit bin wie dieses bösartige Männchen, ich bin schnell, beweglich, lauernd, heimtückisch, berechnend, aggressiv, fordernd, Grenzen überschreitend, tödlich bedrohend, gnadenlos, aber auch immer Lösung anbietend. Diese Lösungen haben wie im Märchen immer mit Rätseln zu tun, die ich dem betroffenen Menschen und seinen Helfern zur Lösung aufgebe. „Ach wie gut, dass niemand weiß, dass ich....heiß!": Mensch, du weißt viel mehr als du denkst. Des Rätsels Lösung steckt immer schon in vielen deiner eigenen Äußerungen:

....mir ist eine Laus über die Leber gelaufen

....das geht mir an die Nieren

....Wut im Bauch

....hab einen dicken Hals

....mir liegt ein Stein im Magen

....mein Kopf ist zu voll
....die Galle läuft über
....das Herz wird mir schwer, es bricht mir das Herz
....ich schneide mir damit ins eigene Fleisch
....ich verliere den Verstand
....das ist zum Haare raufen
....das geht mir unter die Haut
....ich habe die Nase voll
....das ist zum Erbrechen
....ich kann nicht loslassen, halte fest
....ich huste mir die Seele aus dem Leib
....mir ist bang ums Herz
....das schnürt mir fast die Kehle zu

Dies sind nur einige meiner tausend Gesichter und damit verbundener Erkrankungen. Ich bin jedoch nicht immer so leicht zuzuordnen, von daher sind auch die Lösungen oft nicht einfach. Der Mensch ist immer eingebunden in eine Familiengeschichte, verbunden mit Generationen und Schicksalen vor ihm. Als Kind ist er in Abhängigkeit von diesen Geschichten, seinen Eltern und Ahnen. Manchmal liegt des Rätsels Lösung weiter zurück, dann bin ich schwer zu lösen. Egal, welches Gesicht ich habe, wie verdeckt ich mich auch zeige, ich bin nicht nur bösartig, gefährlich, fordernd, bedrohlich. Ich habe auch eine helfende Hand für den Betroffenen. Mit dieser Hilfe kann er Altes erkennen, verstehen und dann im bewussten Erkennen das loslassen und verabschieden, was nicht zu ihm gehört.
„Ach wie gut, dass niemand weiß, dass ich.....heiß!“ Wenn der Mensch das Rätsel um die Identität seiner Krankheit und ihre Hintergründe löst, löse ich mich auf. Dann ist meine Aufgabe erfüllt: der Mensch versteht mich und meine Funktion. Damit entweicht er der bedrohlichen Schattenwelt und kommt wieder ins Licht seines eigenen Lebens und seiner eigenen Kraft.
Die Krankheit - rätselhaft, lösbar und immer hilfreicher Helfer!

(2018)

Abschied und Neubeginn

Lebenszeit
lange Zeit
gedient
fremdbestimmt
abhängig
geschützt und getragen

Lebenszeit
Abschied
Dank für vergangene Zeiten
Mitgefühl
Erfahrung und Wissen
Zustimmung und Akzeptanz der Vergangenheit

Lebenszeit
Mut,
Gewohntes loszulassen
Vertrauen in neue Pläne
Kreativität und Schaffenskraft

Lebenszeit
Neubeginn
Glück auf neuen Wegen
Selbstbestimmung

Lebenszeit
getragen sein
im Neuen

(2018)

Das „ungewohnte“ Glück

Viele Fragen beschäftigen einen Mann und Frau gemeinsam: Unter anderem fragen sie sich, warum in ihrem Leben so vieles nicht geradeaus läuft, warum es so viel Anstrengung und Investition braucht, warum es Krisen und oft schwere Aufgaben auf ihren persönlichen und gemeinsamen Wegen gibt. Sie finden nicht wirklich eine Antwort, die zufrieden stellt. Eines Nachts träumt die Frau von einer seltsamen Gestalt. Sie kann die Gestalt nicht wirklich erkennen, hört aber deutlich ihre Worte: „Es ist jetzt der Zeitpunkt, wo du Antworten auf deine Fragen und Lösungen finden kannst, mach‘ dich auf zum „ungewohnten“ Glück! Und gewinne es!“ - „Merkwürdig!“, sagt die Frau morgens zu ihrem Mann: „Das „ungewohnte“ Glück, wie das wohl aussehen mag! Und ich soll mich auf den Weg machen und es gewinnen!“ - „Es wäre schön, wenn alles etwas leichter würde in unserem Leben. Du bist mutiger als ich, ich warte hier auf dich und bete für uns, während du unterwegs bist!“ Nach diesen Worten packt er seiner geliebten Frau Proviant ein, sie nimmt ihren Rucksack, verabschiedet sich mit einem Kuss von ihm und macht sich auf den Weg ins Unbekannte. Die Sonne steht hoch am Himmel, sie wandert wie von einer inneren Stimme geleitet Stunde um Stunde. Gegen Nachmittag betritt sie einen Wald, dort rastet sie im Schatten eines Baumes. Ein leises Rascheln lässt sie oben in der Baumkrone einen Falken entdecken, der sie zu beobachten scheint. Als er sich gesehen fühlt, fliegt er zu ihr herunter und nimmt wie vertraut auf ihrer Schulter Platz. „Ich wusste, dass du kommen wirst, ich wusste nur nicht, wann. Ich weiß, was du suchst! Es ist ein Glück, das du nicht kennst, ein Glück ohne „Wenn und Aber“, ohne Rechtfertigung und Preis, ein Glück, das einfach für dich da ist! Viele Frauen deiner Familie vor dir kannten dieses Glück nicht. Bei deinem Mann ist das ganz ähnlich! Die Gewohnheit bestimmt unser Leben stärker als wir denken. Wir gehen oft bekannte, gewohnte, vorgelebte Wege. So sind Menschen und auch Tiere! Das „ungewohnte“ Glück braucht mutige Schritte und Neuorientierung. Wenn du diesen Weg, den dir dein Inneres zeigt, weitergehst und dich nicht aufhalten und ablenken lässt, wirst du nach einigen Begegnungen unterwegs zur „Eucharis“ gelangen. Du kannst sie nicht verfehlen, sie ist unverkennbar, wunderschön, weiß und rein. Man nennt sie auch „Amazonaslilie“ oder „Herzenskelchblume“! Wenn du dort angelangt bist, wirst du deine Fragen beantwortet wissen und das „ungewohnte“ Glück mitnehmen zu deinem Mann nach Hause! Ich fliege ein Stück voraus und weise dir den Weg! Viel Glück!“ Noch ganz erfüllt von dieser freundlichen, aber auch rätselhaften Begegnung setzt die Frau ihren Weg fort, immer den Falken im Blick, der vorherfliegt und sie tiefer und sie tiefer in den Wald hineinführt. Die Gedanken an ihren Mann und seine Worte geben ihr Kraft und lassen sie ihren Schritt schneller werden. Sie hat keine Angst, obwohl sie wenig sehen kann und immer wieder fremde Geräusche vernimmt. Sie sieht den Mond am Himmel aufgehen. Ein altes Kinderlied legt sich auf ihre Lippen, „der Mond ist aufgegangen…“. Leise summend und wie in sich versunken geht sie weiter. An einer Weggabelung sieht sie sich plötzlich und unerwartet einer Gruppe dunkel gekleideter Frauen gegenüber, die ihr zuwinken. „Wir gehören zu deiner Geschichte, wir machen dir den Weg frei!“, hört sie eine Frau sprechen. Sie erkennt die Stimme ihrer Großmutter. „Unsere zustimmenden Gedanken begleiten dich auf deiner weiteren Suche! Unser erlittenes Leid, unsere Trauer und Verluste gehören nur zu uns, sie bleiben bei uns und sind hier in guten Händen, unser Segen begleitet deinen Weg!“ Ein Stück weiter macht sie Rast. Sie ist sehr bewegt durch die Worte der Frauen. Die Sonne ist aufgegangen, sie spürt Durst und trinkt aus einer in der Nähe sprudelnden Quelle. „Wie gut, dass ich da sein darf!“, durchfährt es sie und sie spürt ein Gefühl der Geborgenheit und Zufriedenheit, das ihr wie verloren schien. Sie sucht mit den Augen die Umgebung ab, der Falke ist nicht mehr zu sehen. „Ich muss noch ein Stück weiter!“, sagt sie wie zu sich selbst und setzt den Weg fort. Einige Rehe begegnen ihr auf dem weiteren Waldstück, ein Rotkehlchen begleitet sie ein Stück des Weges, so als kenne sie es. „Du bist gleich da!“, hört sie eine weitere weibliche Stimme. Sie verlangsamt ihre Schritte und schaut um sich. Eine fast durchsichtige Frauengestalt tritt hinter einem Baum hervor. „Komm nur näher, ich habe schon auf dich gewartet. Viele Jahre hast du gebraucht, um hier anzukommen!“ Nun sieht sie die Frau genauer. Diese schaut freundlich und winkt sie zu sich heran. Beide reichen sich die Hände. „Ich war viele Generationen vor dir da und eine sehr glückliche Frau. Ich möchte dir etwas von diesem Dir bislang ungewohnten Glück schenken, für dich und die Generationen, die nach dir kommen! Lass‘ dich führen, ich zeige dir den Weg!“ Ein Stück weiter gelangen sie auf eine kleine Anhöhe. Von dort fällt der Blick in ein grünes Tal. Die Frau erinnert sich sofort an die Worte des Falken: „Du wirst sie nicht verkennen!“ - „Die Eucharis, die Amazonaslilie!“, raunt sie staunend. „Ja, diese Blume wird auch Herzenskelch genannt!“, hört sie die weiß gekleidete Frau sagen. „Sie blüht zweimal im Jahr, ist haltbar und langlebig. In ihren Zwiebeln und Blättern befinden sich 13 lebenswichtige Stoffe, versteckte Botschaften für den Menschen. Mit diesen Botenstoffen kann der Mensch vieles in sich finden: Frieden, Freude, Liebe, Ruhe, Erfolg und Wohlergehen, Gesundheit und Herzlichkeit. Er kann da sein für andere, ohne sich jedoch selbst zu vergessen. Er findet Klarheit, Selbstbestimmung und Liebe in sich selbst. Das ist das Geheimnis des „ungewohnten“ Glücks. Du darfst sie mitnehmen. Sie wird auch bei dir zwei Mal im Jahr ihre wunderschönen Blüten treiben und Euch von Herzen beschenken.“ Eine kleine Pause entsteht, dann fragt die Frau etwas zögerlich und leise: „„Darf ich mehr als eine Blume mitnehmen? Ich möchte meinen wegweisenden Helferinnen von diesem Glück etwas schenken!“ - „Gern, nimm‘ soviel du möchtest, du hast den Weg gefunden, das ist dein Lohn. Und denke immer dran, das „ungewohnte“ Glück hat mit deinem eigenen Herzen, deinem Herzenskelch zu tun, den du jetzt ohne Einschränkung füllen darfst. Ich freue mich für dich!“. Mit diesen Worten und einer innigen Umarmung verabschieden sich die beiden Frauen. Erfüllt mit dem ungewohnten Glücksgefühl und den Blumen in ihren Händen, macht sich die Frau auf den Heimweg. Dieses Mal findet sie leicht zurück. Die Frauen, immer noch dunkel gekleidet, scheinen sie schon erwartet zu haben. Dankbar und gerührt nehmen sie die wunderschönen Blumen aus den Händen der Frau. „Eine ist für mich und meine Familie, die nehme ich mit!“, sagt diese fest und bestimmt. Die Frauen nicken zustimmend: „Wie schön, dass du uns und die Herzenskelchblume gefunden hast! Auch wir freuen uns mit dir am „ungewohnten“ Glück, das Einzug in dein Leben hält. Durch dich gehört es jetzt uns allen und denen, die noch kommen werden!“

(2018)

Danke

für den Tag und die Nacht
für das Licht und die Schatten

für das Auf und Ab
für den Wechsel der Gezeiten

für die Ruhe und die Bewegung
für das JA und das NEIN

für das Gute und das Böse
für die Freiheit und die Bindung
für das Unglück und das Glück

für die Beziehungen und Begegnungen
für das Alleinsein und das Miteinander

für das Bewusste und das Unbewusste
für den Körper und die Seele
für das Leben und die Fülle

Danke

(2016)

Dank

Am Ende dieses Buches möchte ich DANKE sagen

.....„Sarah“ für die Geschichte „Der kleine Löwe und die Höhle“, Sabine für die beiden Gedichte „Die drei Schattenwesen“ und „Endlich Leben“, Achim für das Gedicht „Abschied“ und „Ka-ru“ für das Gedicht „Heilung“.

.....meiner Freundin Monika Knoop - Tausch und meiner Tochter Anna Lena für die wundervolle Bebilderung der Texte.

....für die zahlreichen menschlich oft bewegenden Begegnungen, die mich zu diesen Geschichten und Gedichten inspiriert haben.

....und nicht zuletzt einer inneren großen Kraft, die mich beim Schreiben immer begleitet und trägt.

Recklinghausen, im Februar 2018